Hans Riedl
Liederlich und kurios

Hans Riedl

Liederlich und kurios

Rediroma-Verlag

Bibliografische Information der Deutschen Nationalbibliothek:
Die Deutsche Nationalbibliothek verzeichnet diese Publikation in der Deutschen Nationalbibliografie; detaillierte bibliografische Daten sind im Internet über http://dnb.ddb.de abrufbar.

ISBN 978-3-96103-108-5

Umschlagillustration: eskemar / photocase.de

www.rediroma-verlag.de
9,95 Euro (D)

Liederlich und Kurios

Liederlich und kurios.
Kleine Wörter schreib ich groß.
Hab Ungereimtes ich geschafft.
Die Regeln setz ich außer Kraft.

Was unmöglich ist und gar nicht geht
bei mir auf diesen Seiten steht.
Nehm die Fantasie ich mir zur Hand.
Bewege mich im Niemandsland.

Auch außerhalb und nebenbei
schreib ich um den heißen Brei.
Nicht nur wolkig, nicht nur heiter,
die Fantasie geht noch viel weiter.

Auf, was Herz und Hirn begreifen
lass ich meine Blicke schweifen.
Ich frag nicht wer das besser kann,
darum lass ich keinen Lektor ran,
denn meine Dichtkunst ist nicht groß,
sie ist nur kurios.

Kurios

Geschichten, die ich hier berichte,
sind liederlich und kurios.
Ich erzähle hier Begebenheiten,
von Menschen, klein und groß.

Der Mann, der im Kasino spielt
und dabei verschuldet sich.
Das trifft den Nagel auf den Kopf,
das nenn ich liederlich.

Ein Kamel soll durch ein Nadelöhr,
doch ist es viel zu groß.
Das kann wohl nicht gelingen,
das nenn ich kurios.

Im Alltag gibt es so Geschichten,
das muss ich eingestehn.
Die sind nicht einmal kurios,
die sind liederlich mal zehn.

Wie man unser Land regiert,
es verwaltet so zum Schein,
wie man unser Geld entwertet,
daran stößt sich wohl kein Schwein.

Was man mit unseren Werten macht,
ist wie ein böser Traum.
Drin in unserem Parlament,
dort schlägt man täglich Schaum.

Liederlich ist ihre Handlung,
das Ergebnis kurios.
Kunst, Kultur und Heimatland,
bald sind wir alles los.

Verscherbelt das Familiensilber,
verzockt so manches Gold.
Leider weiß dort niemand,
wie man es machen sollt.

Liederlich wär ich gern selber,
doch hätt ich dann kein Brot.
Ich übe brav den Broterwerb,
kurios bin ich zur Not.

Beides ist zu viel des Guten,
sonst nage ich am Hungertuch.
Die Politik macht beides vor,
das belastet wie ein Fluch.

Es tröstet mich, das aufzuschreiben,
die Enttäuschung ist zu groß.
Fast alles was uns täglich trifft,
ist zumindest kurios.

Ein Hundeleben

Als Hund hab ich ein Hundeleben
und schau unterm Tisch hervor.
Es ist für mich schon Lob genug,
kraulst du mich hinterm Ohr.

Gibst du mir Wasser in die Schüssel,
dazu noch einen Knochen,
beginn ich schon zu winseln
und komm hervor gekrochen.

Ich schlabbere das kühle Nass,
auch den Knochen nehm ich mir.
Wenn ich damit das Haus verschmutze,
stellst du mich vor die Tür.

Bald ist es Zeit zum Gassi gehen,
ich spür den Drang schon stark.
Da ertönt ein Schuss aus Waldesnähe,
der dringt mir bis ins Mark.

Erst bin ich nur mal konsterniert,
doch später ohne Rat.
Was denkt sich dieser Jägersmann,
bei dieser üblen Tat?

An das Jagen bin ich nicht gewöhnt,
mein Sinn liegt mehr am Heim.
Da möchte ich Haus und Hof bewachen
und gleichberechtigt sein.

Mein Herrchen ist oft gut gelaunt
und spielt mit mir im Gras.
Am liebsten spiele ich bei Regen,
dann bin ich klitsche nass.

Des Nachbars Hündin geht vorbei,
das ist ein nobles Ding.
Als ich sie erstmals hab gesehn,
mein Herz schon Feuer fing.

Ihr Frauchen führt sie seitdem aus,
nie ist sie ganz allein.
Keine Gelegenheit für ein Stelldichein,
wie es möglich sollte sein.

Was nicht sein kann, kann nicht sein,
ich füge mich daher,
doch das die Hündin mich nicht ansieht,
das kränkt mich manchmal sehr.

So hab ich auch, wie ihr, Probleme,
wie alles Leben eben.
Oft schau ich unterm Tisch hervor,
ich hab ein Hundeleben.

Götterspeise

Neulich fand ich sie, die Gute.
Sie ist keine Rassestute,
sie ist auch nicht ein Pferd.
Sie ist ein Frauchen vor dem Herd.
Im Handumdrehen hat sie mir,
ihren Kaiserschmarrn beschert.

Kaiserschmarrn vergöttere ich,
ich ess ihn lieber noch als Bohnen.
Ich wollt ihn auch bezahlen,
mit Heller und mit Kronen.
Das Frauchen war ganz außer sich,
kein Geld nahm sie mir an.

Sie wollte dafür einen anderen Lohn,
sie suchte einen Mann.
Der Preis war mir zu hoch,
da kann ich nichts dafür
und im Handumdrehen
war ich schon draußen bei der Tür.

Sie hat von mir nicht losgelassen
und bekam mich noch am Hemd zu fassen.
„Halt und hier geblieben“, rief sie
„du hast bei mir gegessen,
du hast den Bauch dir vollgeschlagen,
jetzt willst du mich vergessen?

Das ist nicht ganz der feine Stil,
erst speisen und dann weichen.
Dass du bei mir hast eingekehrt,
seh ich als gutes Zeichen.“
Mir blieb nun keine andere Wahl,
als Farbe zu bekennen.

Wie ich mich hab verhalten,
will ich hier noch benennen.
Ich nehm meist alle Schuld auf mich,
wenn ich nicht anders kann.
Seit jenem geilen Abendmahl,
bin ich nun schon ihr Mann.

Eines Hundes Alltag

Ein kleiner Hund ging einmal aus,
nur eine Runde um das Haus.
Dort hebt am Baum er schnell ein Bein,
denn was sein muss, das muss sein.

Das sah der Hauswart ganz entsetzt.
„Ich mach dir Beine jetzt."
So rief er zu dem Köter
„ Du dummer Hund, du blöder.
Markierst hier bei mir Baum und Strauch,
begießt noch meine Blumen auch.

Wer soll den Salat im Beet noch essen?
Das kann ich wegen dir vergessen.
Du hundsgemeine Kreatur,
du unnütz Ding in der Natur.
Ich hau dir meinen Besen nach,
aus deiner Haut ich Streifen mach."

So schimpft der Mann, ganz außer sich.
Der Hund denkt sich ganz bitterlich:
„Was hab ich nun getan, gemacht,
das solches Ungewitter kracht?
Ich tat nur das, was mir zu Eigen.
Dem Mann dort will ich noch was zeigen.

Jetzt leg ich ab, etwas ins Gras.
Es ist zur Not, nicht nur zum Spaß.
Jetzt muss ich von hier weichen,
bevor des Hauswarts Schläge mich erreichen."
Nur eine Runde schnell ums Haus.
So sieht eines Hundes Alltag aus.

Nirgends

Ich bin dahin gegangen
um nach Nirgends zu gelangen.
Der Weg schien gar nicht weit,
nur in einer anderen Zeit.

Das Nirgends suchte ich vergeblich,
der Ort fiel mir nicht ein.
Da half mir nicht mein Bitten,
schon gar nicht half mein Schrein.

In Nirgends wollt ich mich erholen.
Vom Hier und Da und andererseits
war verbittert und entkräftet
vom Alltag ich bereits.

Wer Nirgends findet, kann sich freun,
kann ungestört und sorglos sein.
So las ich einst in einem Buch.
Nutzlos sei dann jeder Fluch,
vergangen längst und wirkungslos.
Wo find ich dieses Nirgends blos?

Ein Freund, der mir sehr nahe stand,
ihm war das Leben wohl bekannt,
lebte ehrlich und bescheiden.
Ihn konnte ich am besten leiden.

Eines Morgens war er fort,
an einem unbekannten Ort.
Er hat sich fortgeschlichen.
Heimlich und in aller Stille
ist in Nirgends er entwichen

Jetzt weiß ich wo das Nirgends ist,
nur komm ich da nicht hin,
weil allzu gern am Leben ich noch bin.

Glück

Da stand am Waldesrand ein Reh.
Ihm taten schon die Füße weh.
Wie war es heut schon weit gerannt.
Die Gegend war ihm unbekannt.

Sein Herzerl pochte laut und stark.
Die Angst kroch ihm bis in das Mark.
Vor ihm stand nun ein Jägersmann,
der legte schon die Büchse an.

Das Reh hat noch zu Gott gebetet
und sich mit einem Sprung gerettet.
Es sauste in den Wald zurück.
Das nennt man umgangssprachlich „Glück".

Der Jäger war nun ganz perplex.
Schickt in den Wald nun seinen Rex.
Der rannte nun dem Rehlein nach
und dachte sich: „gemach, gemach,
ich bleib im Wald, komm nicht mehr hinter.
Der Jäger ist ein Hundeschinder".

Was der Jäger sich gedacht,
hat das Rehlein nicht ereilt.
Während dessen tief im Wald, Hund und Reh
haben sich das Schicksal nun geteilt.

Doppelpack

Es liegt am Weg ein Hühnerei.
Als ich genauer hin seh, sind es zwei.
Was macht ein Ei am Wegesrand,
beziehungsweise zwei?
Der rechte Platz ist das mitnichten,
schon gar nicht für ein Ei.

Wer hat sie dort wohl hingelegt oder legte sie wer ab?
Zum Glück ist der Weg dort eben,
sonst rollten sie bergab.
Hat sie die Henne dort verloren?
Aber wo denke ich denn hin?
Eine Henne kann es wohl nicht sein,
ich mir ziemlich sicher bin.

Sie hätt den Irrtum schnell bemerkt,
schon gleich beim ersten Mal.
Ein zweites Mal derselbe Fehler,
das gilt auf keinen Fall.
Ich greif danach, nach Hühnereiern,
halt nur eines in den Händen.
Aus zwei mach eins, was soll denn das bewenden?

Ich hab zwar einmal hingesehen,
doch doppelt es betrachtet.
Die drei Viertel Wein zur Jause,
hätt ich besser nicht erachtet.

Auf was ich steh

Ich stehe, wie die meisten Männer,
auf Kurven und auf Formen,
auf Rasse und auf Schönheit, jenseits aller Normen.
Ich bin kein Kostverächter, möchte ich betonen.
Worauf mein Blick gerichtet ist, das sind gewisse Zonen.

Sehe ich ein solches Exemplar,
werde ich noch einmal jung.
Nach der schwersten Packelei,
verleiht es mir noch Schwung.
Ich träum davon, dass meine Hände es berühren
und ich würd es für mein Leben gern,
so durch die Gassen führen.

Würde liebend gern damit durch die Gegend streifen
und wenn die Zeit gekommen ist, davon Besitz ergreifen.
Wäre es dann endlich mein,
würd es mir Freude schenken.
Was mich so fasziniert,
das könnt ihr euch schon denken.

Soll ich verraten, auf was ich so heftig steh?
Es ist ein Auto der Vergangenheit,
ein Chevy aus dem Jahre Schnee.

Gedankenstau

Das Denken fällt mir heute schwer.
Es kommt kein neuer Einfall her.
Was ich gestern noch so gut gekonnt,
hat sich heute noch nicht mal gelohnt.

Das Wetter könnt ich jetzt beschreiben.
Ach was, ich lass es lieber bleiben.
So wie das Wetter kunterbunt,
so ich es nicht beschreiben kunt (könnte).

Es fällt mir heute gar nicht ein,
was auf steirisch könnte hochdeutsch sein.
Was ich heut schreib, ist arger Schund,
darum halt ich lieber meinen Mund.

Obwohl ich zum Schreiben ihn nicht brauch.
Allein, die Gedanken reichen auch.
Bei Gedankenstau hilft oft ein Schrei.
Da denk ich mir gar nichts dabei.

Doch mach ich einen lauten Plärrer,
verschreck ich Leser und die Hörer.
Was ich hier schreib, kann man nicht hören,
darum darf die Leser ich nicht stören.

Da bin ich mit meinem Wörterschatz
bei gescheiten Lesern fehl am Platz.
Die denken sich bestimmt dabei,
dass ich ein wahrer Stümper sei.

Das Urteil wär für mich ganz schlecht.
Doch wer Recht behaltet, hat das Recht.
Es wär so schön, es wär so fein,
könnt ich ein großer Dichter sein.

Gegen die großen Meister bin ich dumm.
Die drehen sich im Grabe um.
Und falls ich mal gestorben bin,
bin ich im Dichterhimmel drin. (hoffentlich)

Mir fällt heut nichts Gescheites ein,
drum lass ich es nun endlich sein.
Schluss, Punkt, Pasta!

Wahlempfehlung(BP_Wahl 2016)

Was man morgen wählt, ist einerlei.
Die Wahl schmeckt mir wie Einheitsbrei.
Vier Breie von derselben Sorte.
Da helfen nicht die schönsten Worte.

Pensionisten sind sie alle schon.
Sie tun es nicht um Gotteslohn.
Ein Fünfter sticht mit seiner Jugend.
Was noch fraglich ist, ist seine Tugend.

Da wäre noch, was niemand glaubt,
der Lugner, dem das Leben tauft.
Weil Partei und Seilschaft ihm noch fehlen,
kann es nicht schaden, ihn zu wählen.

Kommunikation

Verständigung ist heut ganz leicht.
Auch wenn nicht geistreich, eher seicht.
Auf Facebook, Twitter und Konsorten
und anderen obskuren Orten.

Mit Helmuth, Fritz, mit Grete, Hans,
der Werner macht den Reigen ganz.
Die anderen im Hintergrund,
das find ich schade, mein Befund.

Wer sich nicht outet, bleibt versteckt,
von der Anonymität er zugedeckt
und womöglich rostet oder rastet.
Wir sind alle längst nicht ausgelastet.

Mann und Frau

Ein Mann, ein Wort und kein Palaver.
Eine Frau, entweder, oder, aber.
Zu schwer ist meist dieselbe Sprache.
Verschiedene Wörter, selbe Sache.

Verständigung im Turm zu Babel.
Täglich Kampf, wie Kain und Abel.
Ein Mann, ein Wort und kein Versuch.
Eine Frau, das dickste Wörterbuch.

So schöpft sie immer aus dem Vollen.
Sie möcht versuchen, können, wollen.
Des Mannes Worte sind das Schweigen.
Die Frau spielt immer Ringelreigen.

Der Mann sagt alles sehr konkret,
was eine Frau nur schlecht versteht.
So sehr sind sie verschiedentlich,
wie Hund und Katz, wie du und ich.

Streitlust oft zum Herzzerreißen,
doch Liebe kann zusammen schweißen.
Mann und Frau, verschiedene Sprache.
Die Liebe ist die schönste Sache.

Mach als Mann nicht den Versuch
zu verstehn das dickste Wörterbuch.
Das macht dich krank und macht dich krumm
und deine Lebenszeit ist um.

Sind dir die Wörter nicht bekannt,
nimm das „Wörterbuch“ zur Hand.

Sprich, nimm die Frau und flüstern leis,
das macht sie stumm, womöglich heiß.
Das bringt euch beiden neuen Schwung.
Die beste Art der Verständigung.

Prioritäten eines Egoisten

Ich habe mir ein Ziel gesetzt.
Es ist zuerst und nicht zuletzt,
mein Haus, mein Hof, mein Garten.
Alles andere muss noch warten.

Die Zeit ist knapp, das Geld in Not.
Es reicht nicht für ein Butterbrot.
Hab Frau und Kinder mir verpasst.
Zuviel hab ich mir angemaßt.

Die Frau vergrämt, die Kinder schrein.
Hochzeit kann nicht immer sein.
Mein Garten ist mein Ein und All.
Aufs Haus schau ich auf jeden Fall.

Im Hof zum Spielen, Platz genug.
Die Volksanleihe war Betrug.
Die Frau stellt selber ihren Mann.
An die Kinder denk ich gar nicht dran.

In der Ehe liegt schon vieles brach,
doch alles schön der Reihe nach.
Zuerst mein Haus, mein Hof, mein Garten.
Alles andere kann noch warten.

Der raue Wind, nicht meine Schuld.
Was ich nicht brauch, ist Ungeduld.
Ich seh vor mir jetzt nur ein Ziel,
alles andere ist für mich zu viel.

Wer sich an meiner Bildung stößt,
der wird beizeiten abgelöst.
Die Flitterwochen sind vorbei.
Die Ehe ist kein Spiel für zwei.

Wer hat im Haus die Hosen an?
Nicht meine Frau, nur ich als Mann.
Eines Tages, kein Malheur,
die Frau davon, das Haus ist leer.

Kein Kinderlachen mehr im Hof.
Das Geplärre fand ich immer doof.
Was ich jetzt will ist Regelwerk.
Die Regel gilt und kein Vermerk.

Ich habe mir ein Ziel gesetzt.
Es ist zuerst und nicht zuletzt,
mein Haus, mein Hof, mein Garten.
Alles andere kann noch warten.

Das Lied von der Ehe

Die Ehe ist ein Würfelspiel.
Man erwartet sich meist viel zu viel.

Wer immer alle Augen zählt,
der hat sein Ziel noch weit verfehlt.

Nicht sechs ist gut und eins ist schlecht.
Hier zählt nicht immer: „Wer hat Recht?“
Nicht nur Stärke mache dir zu Eigen,
du musst auch können Schwäche zeigen.

Wer würfelt, der gewinnt nicht immer,
doch nicht zu würfeln, ist viel schlimmer.
Das gute alte Durchschnittsmaß
das gilt noch mehr als jedes Ass.

Das Glas ist voll, das Glas ist leer.
Sie will zu viel, er kann nicht mehr.
Er ist so gut, ein alter Hut.
Sie ist so schlecht, ist ungerecht.

Wer glücklich ist, der strahlt enorm.
Das Unglück bringt dich außer Form.
Wer würfelt hat die beste Wahl,
der Verlierer meistens Qual.

Vom Nein zum Ja, ein kleiner Schritt
und kurz darauf, nun schon zu dritt.
Der Ehestand ist festgemauert,
dass er die Zeiten überdauert.

Sei maßvoll und halt ein die Treue,
dann ist Hochzeitstag aufs Neue.
Wie misst man gut die Ehe?
Wer gar nicht misst, dem wehe.

Zum Jauchzen hoch, zu tiefst betrübt.
Wer beides noch nicht hat geübt

der trägt ein schweres Los,
dann ist das Unglück groß.

Das Glas halbvoll, das Glas halbleer.
Er will zu viel, sie kann nicht mehr.

Die Ehe ist ein harter Job,
man darf sich nicht bequemen.
Die Ehe ist ein Würfelspiel,
ein Geben und ein Nehmen.

In Nachbars Garten

In Nachbars Garten steht ein Baum.
Die Frucht darauf, ein wahrer Traum.
Rot ist die Frucht und einwandfrei,
dass es die wahre Sünde sei.

Ich möchte am Kunstwerk der Natur
ein wenig naschen nur.
Wie sündig ist die Fantasie?
Man gönnt sich sonst nichts, da und hie.

Die Formen sprengen alle Maßen
Ich will sie mit den Händen fassen.
Will kosten nur wie süß sie schmecken.
In Gedanken kann ich daran schlecken.

Ich starr zum Baum dort unentwegt,
wie süß die Frucht sich dort bewegt.
Mir scheint, lebendig ist sie sehr.
Mein Hirngespinst schreit noch nach mehr.

Weil, was nicht sein darf, soll nicht sein,
holt die Wirklichkeit mich ein.

Der Traum geplatzt, mit einem Wort.
Der Baum steht noch, die Frucht ist fort.

Zweisamkeit

Zweisamkeit ist schöne Zeit,
im Strudel der Vergänglichkeit.
Da zählt nicht nur ein liebes Wort.
Ein Späßchen trägt die Trauer fort.

Auch ganz verrückte Sachen,
bringen Mann und Frau zum Lachen.
Herzeleid unendlich weit,
falls klug man handelt und gescheit.

Wenn Kummer ist ein schweres Los
dann ist die Zweisamkeit nicht groß.
Zweisamkeit beim Kochen, Braten
lässt das Essen gut geraten
und Zweisamkeit im Bett
find ich besonders nett.

Zweisamkeit in allen Lagen
lässt Kummer gut ertragen.
Mann und Frau und keine Schranken.
Kein Tabu in den Gedanken,
doch jener es noch besser hat,
er schreitet schnell und frisch zur Tat.

Zweisamkeit ist Anteilnahme,
wie soll es anders sein?
Denn mit Geheimniskrämerei
sieht man nicht ins Herz hinein.

Zweisamkeit sagt jenes aus
was Einsamkeit nicht kann.
Wenn man einsam ist,
denkt man erst an Zweisamkeit daran.

Nimm Zweisamkeit als Regel,
die Einsamkeit zur Not,
denn einsam bist du auf jeden Fall
noch lang genug im Tod.

Es zieht mich an

Es zieht mich an, das Geheimnisvolle.
Was leicht verrucht, spielt eine Rolle.
Was nicht erlaubt und doch begehrt
das hat mir manchen Traum beschert.

Es zieht mich an das Ominöse.
Es mich berührt, das etwas Böse.
Was Gesetz und Recht verbreiten,
darüber möcht ich streiten.

Nicht verboten, nicht erlaubt,
die Fantasie ist hochgeschraubt.
Kalte Schulter, heißes Blut.
Was ist hier böse, was ist gut?

Heiß begehrt und nicht erreicht.
Das eigene Ich fast aufgeweicht.
Es zieht mich an, ich kann´s nicht sagen.
Da helfen auch nicht dumme Fragen.

Es spricht mich an, ich spür es stark.
Es reizt mich tief, bis in das Mark.
Es spricht mich an, ich kann es fühlen.
Spür es im Herzen drinnen wühlen.

Befinde mich im Niemandsland.
Bin außer Rand und Band.
Geheimnisvoll und ominös.
Hab keine Lust auf seriös.

Lasterhaft, verboten und verrucht,
was hab ich alles schon versucht.
Es zieht mich an, mich hin und her,
wo ich am liebsten heute wär.

Wie es mich zieht ist grandios.
Die Sehnsucht hin ist grenzenlos.
Was mich so fasziniert kann ich nicht beschreiben,
deshalb muss ich gezwungenermaßen
in meinem Alltag drin verbleiben.

Betrachtung

Kein Lob, kein Tadel, kein Applaus,
so sieht der Alltag für mich aus.
Ich leb so in den Tag hinein,
über nichts kann ich mich freun.

Kann nicht lachen, kann nicht weinen.
Muss immer nur zufrieden scheinen.
Was ich erleb, ist nicht die Fülle.
Um mein Herz herum nur eine Hülle.

Kein Anklang auf der ganzen Breite.
Mein Tag, nur eine leere Seite.
Nicht beschrieben ist mein Blatt,
wie hab ich dieses Leben satt.

Jetzt denk ich einmal intensiv.
Die Gedanken gehen gründlich tief.
Bin ich so klein wie ich mich fühl?
Was sagt mein Hirn, was mein Gefühl?

Im Grunde bin ich nicht so klein.
Ich möchte auch gar nicht größer sein.
So wie ich bin, so ist es recht,
auch mein Anklang ist nicht schlecht.

Hab Freunde ich im Internet,
wie mancher es wohl gerne hätt.
Kann machen was ich immer will.
Auch Stress hab ich nicht all zu viel.

Bin zufrieden, was ich hab erreicht.
Das Reimen fällt besonders leicht.
Es sprudelt wie aus einer Quelle.
Genug auf alle Fälle.

Viel Lob könnt meine Ruhe stören
und Tadel will ich gar nicht hören.
Applaus, Applaus, wo liegt der Sinn?
Ich bin doch nicht im Zirkus drin.

So wie es ist, so ist es recht.
Fühl mich nicht gut und auch nicht schlecht.
Ist einfach nur ein Mittelmaß.
So ähnlich macht das Leben Spaß.

Politik in meinem Lande

Fünf vor zwölf und noch kein Ziel.
Von den Problemen noch zu viel.
Nicht bewältigt, aufgeschoben.
Kein Mut dazu, gleich aufgehoben.

Die Lösung reden sie herbei.
Eins und eins sind hier nicht zwei.
Der Zeiger rückt ein Stück nach vor.
Es ist zu spät, schreit man im Chor.

Warum nicht früher angegangen?
Da hätt man Lob sich eingefangen.
Früher war noch Zeit genug.
Die Zeit reicht aus, ist ein Betrug.

Wo sind sie, die uns so vergrämen.
Man muss sich an ihrer Stelle schämen.
Der Zeiger rückt, es ist zu spät.
In letzter Zeit nichts weiter geht.

Das Farbenspiel ist skandalös.
Die Akteure sind bereits nervös.
Da kommt von hinten einer vor
und trifft als erster in das Tor.

Das Spiel ist aus, der Pfiff ertönt.
Der Dritte hat sich selbst gekrönt.
Darin ist er ein Meister
und täglich wird er dreister.

Die vorne stehn, seit ehedem,
finden das nicht angenehm.
Das Fell schwimmt fort, der Kahn der sinkt
und einiges zum Himmel stinkt.

Der Zeiger rückt auf zwölf nach vor.
Jetzt ist er stumm, der große Chor.
Man wartet, was sich jetzt noch tut.
Wer an die Zukunft glaubt, braucht mächtig Mut.

Nichts geleistet, nichts gemacht.
Der Staat in allen Fugen kracht.
An ein Wunder kann man hoffen.
Wer soll es bringen, bleibt noch offen.

Das Volk sitzt still auf der Tribüne.
Denkt nach schon über Schuld und Sühne.
So was hat man vorher nicht erlebt.
Weltuntergang, die Erde bebt.

Nach der Zeit

Nach der Zeit, ist vor der Zeit,
so geht es fort in Ewigkeit.
Lässt du die Zeit verstreichen,
nie wird sie ganz entweichen.
Weinst du nach verlorner Zeit
dann sei zur Einsicht du bereit.

Nach der Zeit, ist vor der Zeit,
so geht es fort in Ewigkeit.
Die Liebe fort, der Kummer schmerzt,
dann hast du dir die Zeit verscherzt.
In der Lebenszeit liegt Zeit noch brach.
Freu dich auf die Zeit danach.

Nach der Zeit, ist vor der Zeit,
so geht es fort in Ewigkeit.
Die Kinder groß, schon außer Haus,
sie suchen sich den Partner aus.
Den falschen vorgefunden!
Die Zeit heilt alle Wunden.

Nach der Zeit, ist vor der Zeit,
so geht es fort in Ewigkeit.
Die Frau ist fort, die du geliebt.
Was es nicht alles gibt.

Ein anderer hat sie eingefangen.
So ist das Glück vergangen.

Nach der Zeit, ist vor der Zeit,
so geht es fort in Ewigkeit.
Das bringt dich außer Rand und Band.
Was nun wird ist noch unbekannt.
Kein Ziel mehr und auch keinen Halt.
Das Unglück ist schwarz hin gemalt.

Nach der Zeit, ist vor der Zeit,
so geht es fort in Ewigkeit.
Dir steht das Wasser bis zum Hals.
Die Zukunft nicht wie ehemals.
Du kannst darin ertrinken,
bis auf den Boden sinken.

Nach der Zeit, ist vor der Zeit,
so geht es fort in Ewigkeit.
In der Ferne steht ein Licht,
das war dort vorher nicht.
Du hast es nicht gesehen.

Das musst du erst verstehen.

Nach der Zeit, ist vor der Zeit,
so geht es fort in Ewigkeit.
Du gehst dem Licht entgegen,
dir ist daran gelegen.
Warum ist es dort, ist es nicht hier?
Es soll nun leuchten dir.

Nach der Zeit, ist vor der Zeit,
so geht es fort in Ewigkeit.
Nun gehen dir die Augen auf.
Auf Vergangenes vergisst du drauf.

Das Licht ist nicht mehr weit.
Halt es fest und sei gescheit.

Nach der Zeit, ist vor der Zeit,
so geht es fort in Ewigkeit.
Lass die Dinge, die verflossen sind.
Haus und Firma, Frau und Kind.
Alles ist Vergangenheit,
denn nach der Zeit ist vor der Zeit.

Gemeinheit

Gemeinheit ist ein böses Wort.
Es wird gebraucht an manchem Ort
und kaum jemand es erkennt
wie es entsetzlich brennt.

Kein Mittel ist da stark genug.
Die Werbung dafür, ein Betrug
und schweigen hilft mitnichten.
Liebe kann es nur vernichten.

Das schlimme Wörtchen will ich streichen.
Es soll aus meinem Wortschatz weichen.
Liebe hab ich auserkoren.
Gemeinheit hat hier nichts verloren.

Ich lass es nicht mehr in mein Haus.
Ich bin so frei, ich merz es aus.
Es richtet so viel Schaden an,
dass man gar nicht es beziffern kann.

Das Wort hat oft ein leichtes Spiel.
Die Menschheit kümmert sich nicht viel.
So mancher Mensch kann nichts dafür.
Gemeinheit durch die Hintertür.

Das Wort vernichtet ungeheuer,
macht vor nichts Halt, was gut und teuer.
Es zieht in manche Stube ein,
schlägt dort alles kurz und klein.

Wirf es hinaus und sei gescheiter,
dann zieht es wieder weiter.
Die Türen zu, den Riegel vor.
Schließ vor dem Wörtchen Tür und Tor.

Gemeinheit ist ein böses Wort.
Falls es mal klopft, so jag es fort.
Stell Liebe vor die Tür,
dann komm ich auch zu dir.

Der Mai ist da

Der Mai ist da, der Mai ist da,
er ist endlich eingezogen.
Dass wir auf ihn gewartet haben
das wäre nicht gelogen.
Es treibt und wächst und grünt das Korn.
Der Winter hat das Spiel verlor'n.

Am Gartenzaun blüht schon der Flieder.
Der Frühling zieht ins Land nun wieder.
Das Leben quillt aus allen Fugen.
Aus allen Löchern Mäuse lugen.

Der Spargel wächst, ganz fein zu schaun.
Der Flieder blüht am Gartenzaun.

Des Nachbars Fritz hat eins im Sinn.
Ihn zieht´s zum Kammerfenster hin.
Dort schläft die Mitzi wohlbedacht.
Wird von Hund und Vater streng bewacht.
Der Fritz spürt schon des Maiens Kraft.
Er mit einem Sprung die Leiter schafft.

Das Fenster auf, der Mai ist da.
Die Grillen zirpen laut, „hurra“!
Was Fritz und Mitzi dort versuchen,
das kann man nicht so einfach buchen.
Die Maienluft stärkt alle Glieder.
Am Gartenzaun blüht schon der Flieder.

Der Spargel wächst, der Mai ist da.
Die Grillen zirpen laut „hurra“!
Dass der Fritz heut eine Dummheit macht,
das ist ihm zu zutraun,

weil im Garten schon der Spargel wächst
und der Flieder blüht am Zaun.

Bewältigung

Ich geh durch Wiese, Wald und Hain,
bin tief betrübt, bin ganz allein.
Die Frau hat mich verlassen.
Noch kann ich es nicht fassen.

Fort ging sie durch die Tür.
Was soll werden nun aus mir?
Mein halbes Ich ging einfach fort.
So einfach weg, ganz ohne Wort.

Die Frau hat mich verlassen.
Noch kann ich es nicht fassen.
Ich seh nicht wie die Blumen blühen.
Seh nicht, wie die Wolken ziehen.

Ein Gedanke quält mich immerzu.
Hier bin ich und wo bist du?
Nicht genug hab ich an sie gedacht.
Was hab ich alles falsch gemacht?

Ich hab sie doch so gern.
Wenn es Nacht wird, seh ich keinen Stern.
Der Mond ist mir egal,
das Leben eine Qual.

Die Frau hat mich verlassen.
Noch kann ich es nicht fassen.
Ich geh ein Stückchen weiter,
vielleicht bin ich dann gescheiter.

Da seh ich auch die Blumen schon.
Im weiten Feld den roten Mohn
und Vergissmeinnicht am Wegrand stehen.
Wie konnt ich da vorrübergehen?

Vergissmeinnicht, vergangene Zeit.
Es „Vergissmeinnicht“ im Herzen schreit.
Da seh ich wie die Bienen fliegen.
Wie sich im Wind die Halme biegen.

Vom Wald her klingt ein lauter Pfiff.
Die Natur hat mich nun fest im Griff.
Die Frau ist fort, ich kann nichts machen.
Noch ist mir nicht zum Lachen.

Sehe Wolken ziehen über mir,
ein Rehlein dort, ein Hase hier.
Die Natur ist groß, unendlich weit.
Reiß dich zusammen, sei gescheit.

Die Probleme sind zu klein,
dass sie wichtig könnten sein.
Ich hab mich abgefunden,
die Trauer überwunden.
Sie kommt nicht mehr zurück.
Ich wünsch ihr noch viel Glück.

Die Gesetzeslage

Kein Feilschen und kein Handeln,
kein Knüpfen und kein Bandeln.
Da gibt es nichts zu rütteln,
da kann man noch so schütteln.
Was dort steht auf dem Papier,
als Gesetz gilt es nun hier.

Das gilt es einzuhalten,
die Rechte zu verwalten.
Kein Unrecht mehr im Sinn.
Wo kämen wir da hin?
Das Gesetz ist hart wie Stein,
so soll es eben sein.

Wer abweicht, wird gleich eingefangen,
im schlechten Fall auch auf gehangen.
Man hat sich dran gewöhnt,
doch bei uns ist das verpönt.

Das Gesetz ist nicht für alle gleich,
denn gleicher sind die groß und reich.

Der arme Mann kann nichts dafür.
Verschlossen bleibt die Hintertür.
In trifft die Faust im Nacken.
Er darf nicht lange quacken.
Das Gesetz packt ihn am Schopf
und wirft ihn in den Suppentopf.

Dort wird er gekocht, bis er dann weich,
denn er ist arm, er ist nicht reich.
Das Fell zieht man ihn über seine Ohren.
Draußen hat er nichts verloren.
Schlussendlich sitzt er dann im Knast.
Du staunst was du gesehen hast.

Bei jenen, die sind wohlgestellt,
die Einfluss haben, mächtig Geld
wird verhandelt und geschützt,
jedes Schlupfloch ausgenützt.
Dem Reichen wird nicht bange,

denn die Rechtsverdreher stehen Schlange.

Die Gesetzeslage gibt nichts her,
was für den Reichen schädlich wär.
Er richtet sich sein Nestchen ein.
Bei Bedarf schlüpft er dann da hinein.
Doch bist du selbst ein armer Mann,
vor dem Gesetz man dich nicht schützen kann.

Mit dem Maßstab misst man zweierlei.
Es gleicht nicht eins dem andern Ei.

Die Gesetzeslage gibt nichts her,
was für den armen Mann von Vorteil wär.
So geht es bei uns alle Tage.
Das ist die heutige Gesetzeslage.

Das liebe gute Heer

Dem Volk zum Schutz, dem Land zur Ehr.
Dem Feind die starke Gegenwehr.
Die Fahnen hoch, Gewehr bei Fuß.
Er immerzu bereit stehn muss.
Der Soldat, des Landes größte Zier,
er steht bereit, bald da, bald hier.

Befehlsausgabe überall.
Der Ruf ertönt im Wiederhall.
Was Sinn macht, weiß er nicht genau,
ob auch gerecht ist, der Radau.
Alarm und Übung einerseits.
Er steht im Hof „Habt Acht“ bereits.

Doch die feinen Offiziere,
stehen höchstens Schmiere,
falls irgendwo ein Feind erscheint,
der nicht sagt, wie er es meint.
Der Soldat stellt seine Stacheln auf,
verbringt viel Zeit mit Hürdenlauf.

Der Offizier schreit: „Vorwärts Marsch“
und tritt so manchen in den Arsch.
Der Soldat nimmt alles stoisch hin.
Er ist in einem Taumel drin,
vergisst sein eigenes Ich.
Nichts geht ihm durch den Strich.

Befehl befolgen, keine Frage.
Ob Sinn, ob Unsinn, keine Klage.
Befehlsausgabe überall,
von der Küche bis zum Pferdestall.
Am Befehl sich alles orientiert,
das hat er schnell kapiert.

Die Betten frisch geschüttelt.
Den Nachbarn aufgerüttelt,
falls dieser nicht gehört,
den Weckruf, unerhört.
Da sind nicht alle gleich.
Zu spät der Zapfenstreich.

Vorbei die halbe Nacht.
Zur Strafe steht er Wacht.
Marschiert er nun in Reih und Glied,
auf den Lippen froh ein Lied.
Es klingt nicht aus dem Hals.
Urlaubsperre bestenfalls.

Der Soldat beschützt mein Land.
Das ist mir wohlbekannt,
doch wer beschützt den armen Wicht?
Das sagt der Staat uns nicht.
Soldatenpflicht, wenn Not am Mann,
dann ist der arme Bursche dran.

Der Offizier schreit mächtig laut:
„Des Soldaten Büchse ist die Braut."
Die echte gibt er deshalb auf
und guckt nur durch den Lauf.
Die Gefahrenlage bleibt geheim.
Soldat geh lieber heim.

Wochenablauf

Die Woche fängt am Sonntag an,
da denkt man nicht an Arbeit dran.
Der Sonntag ist der Tag der Ruhe,
noch keine Schiebetruhe.

Gefahr, Gefahr, der Montag droht.
An Sonntag war noch Abendrot.
Am Montag früh, nur graue Masse.
Hartes Brot, Arbeiterklasse.

Pardon gibt es noch keins,
es ist nämlich erst Tag eins.
Mit Vorsicht schon auf Dienstag schielen.
An den Händen schon die ersten Schwielen.

Der Dienstag reißt herein.
Vom Montag sich befrein.

Man hat sich auch schon angewöhnt,
mit dem Dienstag sich versöhnt.

Man hofft dass dieser Tag vergeht,
am Kalender schon der Mittwoch steht.
Ist in der Wochenmitte,
er schon der Tag, der dritte.

Was hart zuerst, wird heut schon leichter.
Was er vermittelt, das erreicht er.
Mit Horuck und mit Trara
ist der Donnerstag schon da.

Das ferne Ziel ist nicht mehr weit.
Bald ist wieder Ruhezeit.
Man verbringt den Tag mit Müh und Not
und ist am Abend beinah tot.

Wenn nichts erquickt, den müden Mann,
den spornt der Freitag wieder an.
Am Freitag ist schon das Finale,
doch alle sind nicht alle.

Ein Teil macht weiter, ungestört,
hat den Schlussgong nicht gehört.
Ist es die Gier, ist es die Pflicht?
Das weiß man nie, im einzeln nicht.

Der Samstag rückt nun keck heran,
weil er uns leicht erfreuen kann.
Mann und Frau und groß und Klein
fallen in den Samstag rein.

Da wird gefeiert und gescherzt.
So manches Mädel auch geherzt.
Es fließt in Strömen, Alkohol.
Wie ist der Samstag toll.

Der Abend kommt, die Nacht bricht ein,
wie sind wir schwindlig ungemein.
Zur Ruhe ziehen wir nach Haus.
Im Dusel klingt die Woche aus.

Im Birkenhain

Ich ging durch einen Birkenhain.
Das Schicksal fand ich sehr gemein.
Da ging vor mir die schöne Maid,
was vergangen war, hab ich bereut.

Noch war ich wütend auf die Zeit
und war zur Einsicht nicht bereit.
Vor kurzem wurd ich abserviert.
Das mich heut am meisten stiert.

Die Freundin fort, der Freund ein Strick.
Er nahm sie mir mit einem Trick.
Ich konnt so schnell nicht schauen,
schon war sie abgehauen.

Das sag ich nur so nebenbei,
dass jeder auch im Bilde sei.
Nochmals zurück zum Birkenhain,
mein Gram auf beide, ungemein.

Da vorne sah ich jetzt ein Licht.
Ein Licht war es nun wirklich nicht.
Vor mir ging wohl die schönste Maid,
die ich gesehn in letzter Zeit.

Ich sah zuerst ihr Hinterteil.
Doch was ich sah, war wirklich steil.
Die Fantasie ging mit mir wandern.
Dabei sah ich vieles, unter anderem.

Ich lenkte meinen Schritt nach vor,
betrachtete ihr hübsches Ohr,
den schlanken, zarten Nacken.
Der gab mir schon zu knacken.

Irgendwie und außerdem
war mir das Ganze sehr genehm.
Ich kam in ihren Sog hinein.
Jetzt fiel ich auf den Schwindel rein.

Das ganze Kunstwerk, schon gesehen.
Ich sah meine Freundin vor mir gehen
und sah sie nun im neuen Licht.
Jetzt wusste ich, die Karte sticht.

Ich pirschte mich an sie heran.
Bald war ich an ihr nahe dran.
Was hab ich alles falsch gemacht,
hab ich im Augenblick gedacht,
dass sie von mir gegangen ist.
Bekomm ich nochmal eine Frist?

Meine Fehler hab ich eingesehen.
Man muss auch zu sich selber stehen.
Nun lag es an mir, sie neu zu freien.
Vielleicht kann sie verzeihen.

Seit jenem Gang im Birkenhain
bin ich zu zweit, nicht mehr allein.
Die alte, ist die neue, doch was besonders sticht,
jetzt seh ich sie im neuen Licht.

Seelenwanderung

Wenn alle Stricke reißen,
kannst du dich in den Abgrund schmeißen.
Dein Körper fliegt hinunter,
ob nun müde oder munter,
ob verzweifelt oder froh,
das ist nun einmal so.

Die Seele wandert gleich empor,
nach oben hin zum Engelchor.
Je nachdem auch umgekehrt,
falls es so schnell sich hat geklärt,
ob gültig auch die Eintrittskarten.
Sonst muss sie in der Hölle warten.

Der Teufel hätte seine Freud.
Er ist schon lang für sie bereit.
Hat den Ofen schon gerichtet,
das Holz schön aufgeschichtet.
Beizeiten heizt er ein,
denn zu kalt soll es nicht sein.

Dort sitzen sie in Reih und Glied
und aus den Mündern klingt ein Lied.
Der Teufel spielt den Dirigenten.
Es soll das Lied nicht enden.

Andererseits, sehr angenehm,
könnt sie auch nach oben gehen.
Falls Du im Leben hast gebüßt,
den Kaffee getrunken, ungesüßt.
Sorgenfalten bis zum Morgen.
Bereit warst auch dein Geld zu borgen.

Nicht Freude, Lachen, Eierkuchen,
nicht lustig sein, nicht mal versuchen.
Dein eigenes Ich hast du verliehen,
dann sind deine Sünden dir verziehen.

Wenn alles dies schon eingetroffen,
darfst du auf den Himmel hoffen.
Doch darfst du nicht zu früh dich freuen,
dir selber keine Rosen streuen.

Sei zerknirscht beim Flug nach oben.
Vergiss nicht, laut den Herrn zu loben.
Den Engeln bring ein Sträußerl mit.
Vor Petrus sprich nun deine Bitt.

Er hört sich dein Palaver an.
Geduldig ist der alte Mann.
Vom Himmelvater keine Spur,
rund herum die Engel nur.

Halleluja singen ohne Pause,
ohne Bier und ohne Jause.

Stimm dem Gesang auch froh mit ein,
es könnt für dich von Vorteil sein.

Der Einzug oben geht nicht schnell.
Vorbei musst du an Michael.
Der steht dort breit mit seinem Schwert.
Hat dir beim Singen zugehört.

Hat er dich nicht für gut befunden,
zeigt mit dem Schwert er gleich nach unten.

Wenn ich hier was vermelden wollte,
dich bei dieser Fahrt beraten sollte,
ich sag es offen und konkret,
der leichtere Weg nach unten geht.

Beim Teufel bist du aufgehoben.
Du musst ihn auch nicht täglich loben,
Er heizt für dich den Ofen ein.
Du wirst mit ihm zufrieden sein.

Sperrangelweit ist auf das Tor.
Ein Wächter steht dort nicht davor.
Hinein nur in die gute Stube,
es begrüßt dich selbst der Pelze Bube.

Dort triffst du dann auch deine Brüder.
Ihr singt zusammen Schunkellieder.
Die Fete geht bei Bier und Wein,
bis in die Ewigkeit hinein.

Sinnlos

Wer immer singt, ist kein Gesang,
er ist bestenfalls ein Sänger.
Wer alles tut, ist kein Befehl,
er ist Befehlsempfänger.
Wer lustig ist und voller Späße,
ist keinesfalls die Lust.

Wer traurig ist und Tränen weint,
ist deswegen nicht der Frust.
Wenn ich nicht sein kann, was ich spüre,
wie soll ich mich ergötzen?

Es wird auch nicht gelingen
mich mit Schmerzen zu verletzen.

Was ich hier beschreibe, ist zuerst die Tat.
Das eine auf das andere ist das Resultat.
Ich bin nicht selbst der Reichtum,
wenn ich im Wohlstand sitze.
Ich bin auch nicht der Schweiß,
wenn ich vor Mühsal schwitze.

Keinesfalls bin ich die Reue,
wenn mir etwas reut.
Auch bin ich nicht die Freude,
so bald mir heut was freut.
Ich bin nicht das, wonach es scheint,
man benennt es schlicht nur so.

Wenn jemand dumm und dämlich ist,
hat er im Kopf nicht Haferstroh.
Andererseits, bei klugen Menschen,
vermutet man die Grütze.
Auch wenn in mir ein Feuer brennt,
gibt es trotzdem keine Hitze.

Man sagt es so, wie angelernt,
es ergibt oft nicht den Sinn
und falls ich außer mir bin,
bin ich trotzdem in mir drin.
Die Sprache bringt mich durcheinander,
jedoch ein Durcheinander ist sie nicht.
Auch wenn ich etwas super finde,
ist es meist trotzdem kein Gedicht.

Jetzt hab ich mich verlaufen,
wer hilft mir da heraus?
Ich habe mich hinein manövriert,
hinein ins Schneckenhaus.

Wenn mich jetzt jemand dirigiert,
der ist noch lang kein Dirigent.
Weil ich nicht mehr weiter weiß,
mach ich nun schnell ein End.

Lot und Waage

Lot und Waage, wiegen, richten,
Stimmung messen, Wörter dichten.
Wörter nur so hingestreut,
ausgesagt, zu spät bereit.

Ungereimt und ungedichtet,
ist noch nicht zurechtgerichtet.
Die Wörter sind erst ungeschliffen,
vom Gebrauch gar abgegriffen.

Gedichtet bringt den Stil hinein,
wie eben Wörter sollen sein.
Vor dem Gebrauch mal richtig schütteln.
Nicht verwenden ohne rütteln.

Erst wenn sie richtig singen,
nach Ton und Farbe klingen,
verwend die Wortstruktur.
Das bringt dir Zuspruch nur.

Die Wörter sind so hingestreut.
Nicht nachgedacht, zu spät bereut,
ungehobelt, ungeglättet.
Das dich nicht vor dem Tadel rettet.

Messen, wiegen, richten, dichten,
mit Lot und Waage Kunst verrichten.
Es ist fürwahr kein leichtes Spiel,
doch gilt für Dichter nur das Ziel,
was gut ist, mach noch besser.

Nicht mit Gabel und mit Messer.
Nur Kuli oder Blei,
dein ganzes Werkzeug sei.
Was nötig ist, dies du erfinde,
mit deiner eigenen Hirnes Rinde.

Wieg ab und miss und gut betrachte.
Mach Notizen dir, zuerst ganz sachte.

Schreib nieder dann, mit Schwung und Kraft,
dann hast du Kunst dir selbst geschafft,

Falsch verstanden

Falls dich was hat gestört,
nicht richtig zugehört.
Zerbrochen sind die Banden.
Den Sinn nicht ganz verstanden.
So hör erst richtig hin,
dann verstehst du auch den Sinn.
Nach einem Wort schon aufbegehren.
Musst aufmerksamer hören.

Nach ein paar Wörter, Pulver, Blei,
da ist noch nicht der Satz vorbei.
Macht dir was zu schaffen,
sollst du erst drüber schlafen.

Klingt ein Wort auch richtig hohl,
nach kurzer Zeit verfliegt dein Groll.
Ein Schnellschuss ist die falsche Art,
in Vergangenheit, in Gegenwart.

Ist die Kugel erst mal draußen,
wird sie auch weiter sausen.
Nichts ist nur gut, nichts ist nur schlecht,
sei sparsam mit dem Wortgefecht.

Verwend die Klinge, wenn überhaupt,
nur zum Rasieren, weil dort erlaubt.
Dein Gegenüber sitzt im selben Boot.
Er hat mit dir auch seine Not.

Statt Wortgefecht und Pulver, Blei,
es ein Miteinander sei.
Wart ab, im Satz das Ende,
dann kommt im Sinn die Wende.

Was anfangs dir noch weh getan,
kommt in deinem Herzen mildernd an.
Nichts ist genauso, wie es scheint.
So manches Wort ist gut gemeint,
auch wenn es dich gestört.
vielleicht hast du falsch gehört.

So wie es ist, wär es nicht schlecht,
wenn man die Zeit sich nehmen möcht.
Weil immerhin und ganz konkret,
nichts über gutes Zuhörn geht.

Abgestimmt

Was vorbei ist, ist vorbei,
es kommt nicht mehr herbei.
Endgültig ist das rechte Wort,
aufgehört und einfach fort.

Da hat man sich was aufgebaut,
ein wenig Wohlstand aufgestaut.
Sicherheit bringt Sicherheit,
überall und jederzeit,
das gilt so wie das Amen.
Das Gerüst fällt doch zusammen.

Sicherheit ist trügerisch,
ist nicht Fleisch und ist nicht Fisch.

Sicherheit ist ein Konstrukt,
das der brave Bürger schluckt.

Das Wort wirft man dem Pöbel hin.
Im Werfen liegt der Sinn darin.
Friss Bürger oder stirb,
halt dich dran oder verdirb.

So einfach ist die Sache nicht,
weil diese Karte nicht mehr sticht.
Der Bürger hat sein Herz entdeckt.
Er hat sein eigenes Blut geleckt.

Wirft man die „Sicherheit“ ihm vor,
wer das für gut hält, ist ein Tor.
Sein Schicksal nimmt ein Volk zur Hand,
so geschehen jüngst in Engelland.

Kein Verbleib in dem Verband.
Gevotet hat das Britenland.
Sicherheit ist nicht viel wert,
weil diese Sicherheit nicht zählt.
Das Ergebnis haben wir gehört,
England hat gewählt.

Die Botschaft rüberbringen

Schrift und Sprache, Mund und Art.
Mimik mit dem Wort gepaart.
Sing und Sang, Wort und Klang,
gut gereimt, hält doppelt lang.

Geredet ist nicht gleich gesagt,
geweint, nicht immer nur geklagt.

Der Ausdruck bringt die Würze,
nicht nur die Fülle, oft die Kürze.

Klaubereien im Wörterwald,
gut sortiert von Jung und Alt.
Gelacht und manches Mal geweint.
Die Stimme mit dem Wort vereint.

Hie und da, an manchen Orten,
stellt sie sich vor, mit klugen Worten,
in Prosa und im Reim,
für auswärts und daheim.

Man könnte auch mit Singen,
die Botschaft rüberbringen,
an ihn, an sie und Franz und Hilde.
Hinter all dem steht die Dichter Gilde.

Gedanken

Gedanken sind bald hier, bald dort.
Bei mir zu Haus, am fremden Ort.
Gedanken springen her und hin.
Sie sind schneller, als ich selbst es bin.

Sie reißen starke Mauern nieder,
bringen Vergangenes mir wieder.
Holen mir die Zukunft ein,
versetzen mich ins Glück hinein.

Stürzen mich in tiefste Trauer.
Trübsal blasen, kalte Schauer,
Hitzewallung, Aufregung pur,
das bringen die Gedanken nur.

Aus Schlaf und Traum sie wecken,
mich mit üblen Schalk sie necken.
Gefangen bin ich in sie drin.
Sie ziehen mich mal her, mal hin.

Gedanken sind die Fantasie.
Was wär ich ohne sie?
Ein leerer Schlauch, ein loser Sack,
nur schwere Last, als Huckepack.

Die Gedanken reißen mich herum.
Mal bin ich fröhlich und mal stumm,
mal ausgelassen jubilierend,
mal sinnlich in die Gegend stierend.

Mal tief betrübt, mal hoch erfreut,
oft zweierlei zur selben Zeit.
Die Gedanken setz ich trefflich ein,
soll ein Gedicht bald fertig sein.

Ich lass sie machen, wie sie wollen.
Ich sag nicht was sie sollen.
So werken sie ganz vehement,
bis zu des Gedichtes Happy End.
Doch wollen sie mal böse sein,
fang ich sie wieder ein.

Fünf Minuten

Mein Frau sagte jüngst zu mir:
„ Fünf Minuten geb ich dir.
Ich geb dir Zeit, mach etwas draus.
Fünf Minuten reichen aus."

Fünf Minuten sollen reichen?
Ich könnt ein Butterbrot mir streichen.
Zu wenig Zeit für große Sprüche,
doch was geht derweil in Brüche?

Was wächst heran in dieser Zeit.
Aus Zweisamkeit wird Dreisamkeit.
Fünf Minuten sind genug,
für ein Verbrechen, für Betrug.

Fünf Minuten reichen aus,
schlüpfst du aus den Kleidern raus,
schlägst du im Haus Geschirr zusammen.
Du könntest auch ein Auto rammen.

Fünf Minuten wirst du brauchen,
solltest du genussvoll rauchen.
Doch fünf Minuten, welche Zeit,
reicht sicher für die Ewigkeit.

Hier hab ich nur mal nachgedacht,
was man mit fünf Minuten macht
und zu was fünf Minuten könnten reichen.
Doch wie oft lässt man sie verstreichen?

Tunichtgut und Schwerenöter

Kein Glück, kein Weib und keinen Zaster.
Nur Spiel und Sex und noch mehr Laster.
Tunichtgut als Hauptberuf,
nur Schlägerei und Frust im Suff.

Das Kartenspielen macht mich schlau.
Am Montagmorgen mach ich blau.

Im Taumel geht der Tag vorbei.
Der Dienstag ist auch einerlei.

Am Mittwoch soll es besser gehen,
da will ich auf der Matte stehen.
Zur Arbeit gehn, nehm ich mir vor,
doch es schmerzt so viel mein linkes Ohr.

Die Schmerzen sind jetzt kaum erträglich.
So geht es mir fast täglich.
Zum Arzt geh ich am Donnerstag,
der mich vom Schmerz befreien mag.

Am Freitag bin ich besser dran,
da fängt die Woche für mich an.
Doch eigentlich ist sie schon aus,
drum bleib ich gleich zu Haus.

Am Samstag ist schon Wochenend,
da rühr ich nicht mehr meine Händ.
Ich beweg mich höchstens elegant
mit meinem ganzen Hausverstand
zum Beisel hin zum Suff
und am Abend noch ins Puff.

Dort lass ich mich verwöhnen,
von den Holden, von den Schönen.
Mein Geld reicht nicht für weiterhin,
weil ich schon wieder pleite bin.

Was macht ein armer Schwerenöter
mit so viel Pech allein?
Nun frag ich in die Runde:
„Wer kann behilflich sein?“

Der Bücherwurm

In Eichfeld lebt ein Bücherwurm,
wie in einem Narrenturm.
Die Bücher machen ihn verzückt,
doch für manchen ist er schlicht verrückt.

Bücher unten, Mitte, obendrauf,
Bücher, Bücher, schier zu Hauf.
Für Hobbys reicht die Zeit nicht mehr.
Bücher, Bücher, rings umher.

Die alten Geister stehen auf.
Das nimmt der Bücherwurm in Kauf.
Er schläft in einem Bücherschrank.
Kein Buch zur Hand, dann ist er krank.

„Da und da und dort ein Buch.
Im ganzen Haus schon der Geruch.
Die alten Bücher voller Staub!“
Das hört er nicht, da ist er taub.

Er wühlt sich durch, frisst sich hinein.
Es geht um Nichtsein oder Sein.
Diesen Wahnsinn abzustellen,
wie macht man das denn blos?

Die Geister, die er rief,
die wird er nun nicht los.
Sein Leben ist ein Bücherwald
in einem kleinen Ort.
Jedes Buch ein Original,
er liest es Wort für Wort.

Falls das Leben einmal aus ist,
so will er es beenden,
in der eigenen Bücherwelt,
zwischen tausenden von Bänden.

Der Nachteil

Marmor, Stein und Eisen bricht,
falls mich mal der Hafer sticht.
Da kenn ich nicht mehr Tag und Nacht.
Mach nur allein was Freude macht.

Ich hab kein Kind und keine Frau.
Gebt ihr mir Recht? Da war ich schlau.
In meiner Freiheit wär ich eingeschränkt.
Ich müsst das tun, was Frauchen denkt.

Kaum dürft ich auswärts bleiben.
Müsste Bittgesuche schreiben.
Wär ich mal an „Damen“ dran,
die man so bezeichnen kann,
dann wäre Feuer auf dem Dach
und die Ehe läge brach.

So bin ich frei und unversehrt,
weil mich kein Frauchen stört.
Im Spielkasino sitz ich drin,
bis ich entweder pleite bin,
bis mich die Glücksfee angesehen.
erst dann will ich nach Hause gehen.

Komm ich nach Haus, die Schuhe hin,
im Nu lieg ich im Bett schon drin.
Erst am Morgen ziehe ich mich aus,
denn dann bleib ich gleich zu Haus.

Kein Gezeter, kein Geschrei.
Ich frag: Was ist denn schon dabei?
Mein Geld reicht grad für mich allein,
drum kann ich unbekümmert sein.

Wenn mich nach Frau ist, kein Problem.
Ich muss nur in ein Häuschen gehen.
Schon bin ich drinnen bei der Tür.
Der Nachteil: Weil ich zahlen muss dafür.

Gedanken Wirrwarr

Der Tag ist grau, die Wiese grün,
noch grüner, als die Sonne schien.
Der Kirschbaum vor dem Haus,
schaut weit ins Land hinaus.

Mein Geist ist hier, mal ist er dort,
mal fliegt er über Häuser fort.
Mein Dorf liegt still in der Natur.
Es stört der Straßenlärm mir nur.

Mein Dorf, es gibt mir Schutz und Raum.
Wo anders fühl ich freier kaum.
Mein Dorf hat rundherum nicht Grenzen.
Auch keinen Zaun, will ich ergänzen.
Geh ich mal hin, geh ich mal fort,
schon bin ich drin im Nachbarort.

Im Garten drin, die Blumen blühen,
wo wir darinnen Bohnen ziehen
und Salat und Gurken in den Beeten.
Morgen muss ich Unkraut jäten.

Mein Geist ist hier, mal ist er dort,
mal fliegt er über Länder fort.
Mein Land ist herrlich anzuschaun.
Noch seh ich keinen hohen Zaun,
doch hat man ihn schon angedacht.
Ich hab sie alle ausgelacht.

Sie sollten mal das Elend sehen,
mal in ein Flüchtlingslager gehen.
Noch reden sie so kleinkariert,
weil ihnen nichts passiert.

Der Reichtum ist uns nur verliehen.
Wir daraus unseren Nutzen ziehen.
Wir sollten uns beeilen,
ein Stück davon zu teilen.

Mein Geist ist hier, mal ist er dort,
mal fliegt er in den Äther fort.
Seh unter mir das Erdenrund.
Sie gibt von ihren Nöten kund.

Sie gerät schon aus dem Gleichgewicht.
An den Polen schon der Eisberg bricht.
In manchen Teilen Gift und Schmutz.
Nicht beachtet wird der Artenschutz.

Veränderung in allen Lagen.
Wie soll das enden, will ich fragen?

Die Erde wirkt schon ganz zerschunden.
Der Mensch schlägt weiterhin ihr Wunden.

Das Atom beherrscht, die wilde Kraft,
sie zu beherrschen, man nicht schafft.
Dieser Umstand macht total verwirrt.
Mein Geist ist öfters so verirrt.

Ich fang ihn ein und hol ihn ein.
Er soll bei mir im Garten sein.
Bei mir im Garten ist es grün.
Es steckt auch eine Kraft darin.

Ich beherrsch sie nicht, doch dient sie mir.
Die Natur ist doch am schönsten hier.
Der Geist kann sich an ihr erfreun.
Hier können sie sich einig sein.

Mein Allgemeinzustand

Ich lauf nicht mehr so flink, geschwind,
zu stark ist schon der Gegenwind.
Ich kann nicht mehr so sportlich sein,
zu sehr bremst mich der Wind schon ein.

Ein Ziehen hier, ein Stechen dort,
die Muskeln schon am falschen Ort.
Der Bauchumfang nicht mehr so klein,
der sollte an den Bizeps sein.

Die Haut mit allzu vielen Runzeln schon,
sieht aus wie ohne Luft, ein Luftballon.
Mein Bodyindex ist zu hoch,
an wem soll ich mich messen noch?

Ich sag es mir und mein es so,
über den Zustand bin ich heut nicht froh.
Ich bin so frei, ich gesteh es ein,
er könnt ein bisschen besser sein.

Falls es noch schlimmer kommt, als es schon ist,
geb ich mir eine Galgenfrist.
Ich häng das Ziel mir tiefer auf
und beginn von neuem nun den Lauf.

Nun, meinem Zustand angepasst,
nicht zu hastig, nicht zu schnell.
Wenn es sein soll, irgendwann,
dann trett ich auf der Stell.

Hinterhalt und Tücke

Der Wind trägt meine Sehnsucht fort.
Er trägt sie hin an manchen Ort.
Weit fort von mir daheim,
wo ich nie werde sein.
Die Sehnsucht gibt mir keine Ruh.
Sie neckt und stößt mich immerzu.

Ins Ohr flüstert sie mir:
„Was machst du immer hier?
Immerzu dieselben Sachen.
Gib Acht, lass mich nur machen.
Setz dich auf mich hinten drauf.
Erst geht es einmal hoch hinauf,
dann in die weite Ferne.
Dort wärst du sicher gerne.“

Die Sehnsucht ist ein starkes Stück,
sie lässt mich nicht mehr los.
Ich kann nicht vor und nicht zurück.
Was soll ich machen blos?

Geb ich nach, bin ich verloren,
weil ich die Ferne auserkoren.
Wenn ich mal dort bin, bleib ich dort.
Ich wär entzückt von manchem Ort.
Dort fänd ich auch mein Glück.
Ich käm nicht mehr zurück.

Falls ich zu Hause bliebe,
wo das Bekannte und das Liebe,
dass mir so gut bekannt,
wär meine Sehnsucht dann gebannt?

Die Sehnsucht würd nicht stille stehen,
ich würd sie täglich wieder sehen,
vor meinem Haus, vor meiner Tür.
Da könnt ich nichts dafür.

Das wär ein Ziehen hin und her.
Dankeschön und bitte sehr,
komm mit und bleib daheim.
Ich fände keinen Reim.

Ich bin zu schwach, ich bin zu stark.
Der Wunsch sitzt mir im Rückenmark.
Er ist der Vater aller Dinge,
ohne ihn rein gar nichts ginge.

Das Fernweh reißt mich nieder.
Es kommt täglich immer wieder.

Doch was nicht sein kann, darf nicht sein.
Darum lass ich das Verreisen sein.

So kämpf ich jeden Tag den Kampf.
Verlorener Kampf ist halt ein Krampf.
Ich kann nicht fort, ich möcht es so.
Dieser Umstand macht nicht froh.

Es zerreißt mich schier in Stücke.
Das Fernweh nenn ich Tücke.
Die Sehnsucht nenn ich Hinterhalt.
Sie hält mich fest in der Gewalt.
Ich kann mich nicht befrein.
Das wird mein Ende sein.

Traurigkeit

Die Traurigkeit ist wie ein Fluch,
wie ein dickes Leichentuch.
Es hüllt mich ein von Kopf bis Fuß,
beschert mir Ärger und Verdruss.

Zum Atmen nimmt sie mir die Luft.
Sie riecht nach starken Leichenduft.
Sie schnürt mir schier die Kehle zu
und raubt mir meine Ruh.

Traurigkeit, oh Traurigkeit,
ich sing den Grabgesang.
Von Anfang bis in Ewigkeit,
wird mir so ängstlich bang.

Bei Traurigkeit scheint keine Sonne,
nicht denk ich mehr an Wonne.

In Finsternis und Dunkelheit
geh gramgebeugt ich durch die Zeit.

Sie lastet schwer auf meinem Rücken.
Nichts kann mich noch entzücken.
Nicht Musik und auch kein Kinderlachen,
kann mich noch fröhlich machen.

Die Traurigkeit hat mich verseucht,
hat meine Wünsche fortgescheucht,
die Sehnsucht in den Tod gerissen
und meinen Frohsinn am Gewissen.

Keinen Ausweg sehe ich in Sicht.
Nicht mal das kleinste Kerzenlicht.
Nur Grabesruhe, röcheln, stöhnen.
Nicht mehr auf was sich freuen können.

Die Traurigkeit hat mich im Griff,
noch fester als das tiefste Tief.
Noch tiefer als der tiefste Spalt.
Ich find darinnen keinen Halt.

Traurigkeit, oh Traurigkeit,
warum lässt du mich nicht los?
Du hältst mich schon seit langer Zeit,
was willst du von mir blos?

Traurigkeit, lass endlich los von mir.
Ich jag dich hinaus durch meine Tür.
Lass aus die nächste Runde,
sonst geh ich vor die Hunde.

Wie Hund und Katz

Mann und Frau und Hund und Katz
das ist derselbe Gegensatz.
Sie spricht „vielleicht“, er denkt „jawohl“.
Es zieht sich an der Gegenpol.

Sie könnt ihm schon gefallen,
doch sie zeigt ihm ihre Krallen.
Mal ist sie streng, mal ist sie nett,
bis sie ihn drinnen hat, im Bett.

Er will es hart, sie mag es weich,
kaum jemals sind die Wünsche gleich.
Es ist immer nur dasselbe Lied,
zu groß ist da der Unterschied.

Wie Hund und Katz verschiedentlich,
kaum jemals sind sie einig sich.
Auf neue Ware sie sich stützt,
zu schnell ist er schon abgenützt.

Von Tisch zu Tisch, von Bett zu Bett,
bei beiden nichts gemeinsam geht.
Das Weibchen hat die Hosen an,
das Männchen nur mehr kuschen kann.

Das Frauchen spielt mit ihrem Reiz.
Das Männchen spürt nur ihren Geiz.
Und geht er fremd, kommt er zu Sturz,
hält sie ihn erst mal kurz.

Dann kommt das große Strafgericht,
das überlebt der arme Kerl nicht.

Nun kann ihn nichts mehr retten,
gesprengt sind alle Ketten.

Wie Sodom und Gomorrha,
Pech und Schwefel auf sein Haupt.
Auf die kleinste Einigkeit
er nicht mehr daran glaubt.
Sie sagt „nein“, er hofft „jawohl“.
Es stößt sich ab der Gegenpol.

Ich weiß Bescheid

Mein Weibchen sagt: „Ich lieb dich so“
Wie bin ich drüber froh.
Sie sagt: „Ich bin dir immer treu“.
Wie ich mich drüber freu.

„Ich schenk dir meine Zärtlichkeit
bis in alle Ewigkeit.“
Jetzt hör ich erst genauer hin,
weil ich nicht ewig bin.

„Wie ehrlich ist dein Wort gesagt“
hab ich sie dann gefragt.
Zärtlichkeit und Ewigkeit,
wie reimt sich das zusammen?

Was soll ich da noch wörtlich nehmen
in Bezug auf meinen Namen?
„Das sagt man so, “ sagt sie zu mir.
„Ich geb mein Wort dafür.“

Ewigkeit und Zärtlichkeit,
geht mir nicht in den Sinn.

Wie soll sie zärtlich sein
wenn ich schon lang nicht bin?

Meint sie auch: „Das sagt man so“,
bei Liebe und bei Treue?
Dass ich bisher ihr geglaubt,
jetzt kommt mir schon die Reue.

Wenn sie sagt: „Ich liebe dich“
dann denk ich mir: „Vielleicht“
Mit ihrer eigenen Ausdrucksweise,
nimmt sie es viel zu leicht.

Wenn sie sagt: „Ich bin dir treu“,
dann ist der Spruch nicht neu.
Doch wenn sie sagt: „ In Ewigkeit“,
dann weiß ich schon Bescheid.

Mein Weibchen hat ihre eigene Sprache,
sie sagt es halt nur so.
Wenn auch nur die Hälfte stimmt,
bin ich schon drüber froh.

Resümee

Ein braver Bürger sucht den Weg,
über Morast und Sumpf sich einen Steg.
Er sucht seit langem sich ein Ziel.
Zur Auswahl stehen nicht zu viel.

Gerade aus, nicht einmal weichen
und achten auf die rechten Zeichen.
Wenn er Glück hat, ist er dort,
an seinem Ende, bei dem Ort,

wo er nicht wollte, dass es dann ist,
am End von seiner Lebensfrist.

„Mit meinem Leben bin ich fertig,
doch mein Ziel war sicher anderwärtig.
Ich ging drauf los mit Not und Müh,
bis spät abends oft, ab morgens früh.

Man hat angeschafft, was ich nicht will,
ich tat trotzdem alles brav und still,
obwohl ich anderes erhofft.
Das war im Leben allzu oft.

Man hat angeschafft, was ich nicht darf.
Willig war ich, meistens brav.
Ich folgte wie ein braver Hund.
Gehirn gewaschen, der Befund.

Mein Wille wurde umgeleitet.
Ich selber lag da ausgebreitet.
Die anderen hatten leichtes Spiel.
Gehört hab ich drauf viel zu viel.

Jetzt bin ich da, wo ich nicht soll,
mein Leben ist mit Jahren voll.
Würd noch gern von vorn beginnen,
doch seh ich wie die Stunden rinnen.

Nach meinem Wunsch, ein neues Ziel,
der Weg dorthin wär wie ein Spiel.
Ich würd nicht mehr auf andere hören.
Auch ihr Gerede würd nicht stören.

Nicht rechts, nicht links, nur gerade aus.
Der Blick nach vorn, zum Ziel hinaus.

Ein frommer Wunsch ist nun mein Ziel.
Der Jahre sind es viel zu viel.
Ich muss da bleiben, wie gegangen.
Mit gegangen, mitgehangen.

Bauer sucht Frau

Ein Bauer sucht sich eine Frau.
Er ist zwar arm, doch ziemlich schlau.
Er sagt zu sich am stillen Ort:
„Sag nicht zu schnell das eine Wort.
Hab ich bei einer „ja“ gesagt,
bin ich bei andern nicht gefragt.

Ich hol mir nichts Fremdes in mein Haus.
Ich streck erst meine Fühler aus.
Was ich mir hol ins Bett herein,
soll extra gut beschaffen sein.

Rund herum ein rechtes Maß,
das ist das erste Ziel.
Vorne nicht zu wenig und hinten nicht zu viel.
Ich will sie vorher ausprobieren,
bevor wir uns versprechen.

Da will ich keine Zeit verlieren.
Das ist doch kein Verbrechen.
Die Mitgift soll entsprechend sein,
so wie es sonst der Brauch.
Ein Koffer voller Bares, ein Sparbuch ginge auch.

Auch soll sie nicht zu kleinlich denken,
sollt ich mal auswärts sein.

Wenn ich genug gefeiert habe,
komm ich schon wieder heim.

Sie soll andere Männer nicht betören,
allein nur mir soll sie gehören.
Eine Frage ist noch wichtig:
kann sie kochen, stopfen, braten?
Das vorher auch zu lernen,
wär sie ganz gut beraten.

Der Herr im Haus bin ich,
das merkt sie sicherlich,
schon nach den ersten Tagen.
da muss ich gar nichts sagen."
So sucht der Bauer weiterhin,
jeder Tag ein Neubeginn.

Trotz aller seiner Regeln, der Erfolg stellt sich nicht ein.
Kein weiblich Wesen bleibt bei ihm, der Bauer ist allein.
Der Bauer ist allein zu Haus,
kein Weib in seinem Zimmer.
Alle nehmen sie reiß aus, der Bauer sucht noch immer.

Nur ein Spiel

Der Ernst des Lebens ist ein Spiel.
man spielt darin im Ernst zu viel.
Treibt bei dir der Fiskus Schulden ein,
mach dir nichts draus, es muss so sein.

Setzt dich der Hausherr vor die Tür.
Er macht nur den Job, kann nichts dafür.
Wenn dich jemand mit dem Auto streift.
Seine Fahrkunst ist nicht ausgereift.

Deine Frau geht fremd, kommt nicht nach Haus.
Das sieht nach kaltem Essen aus.
Und kommt sie heim, bringt ihn gleich mit.
Das Leben ist auch schön zu dritt.

Hast du im Haus ein Doppelbett und noch ein Kanapee,
dann lass den beiden freie Wahl, geh du ins Separee.
Das Leben ist ein Kinderspiel,
nur die Kinder sind zu groß.
Du fragst dich nun tagtäglich, was ist dran lustig blos.

Lass Sonnenschein in dein Herz hinein,
es zu verschließen nützt dir nicht.
Du solltest trotzdem fröhlich sein,
auch wenn es dir zerbricht.

Das Wunschobjekt

Als ich jung war, war ich sehr direkt.
Ich sprach es an, mein Wunschobjekt.
Diese waren immer weiblich,
die Vorzüge meistens leiblich.

Darum machte ich nicht viel Geschrei.
Der Geist legt sich schon selber bei.
Ich hab nicht gefragt beim Rendezvous:
„Wer bin ich und wer bist du?“

Der Reiz kam meist aus erster Hand.
Mit dem hielt nicht die Weisheit stand.
Die Jahre gingen so dahin,
ich nun bei den Alten bin.

Die Weisheit bringt nicht Augenschein.
Wie kann ich jemals richtig sein?
Das Äußere gibt nichts mehr her.
Doch innen drin noch lang nicht leer.

Falls ich mal such, wie soll ich finden,
wie die Hürden überwinden
Such ich nach einem Wunschobjekt,
muss ich erst schaun was drinnen steckt.

Das Äußere sagt wenig aus,
da werde ich kaum klug daraus.
Objekten Suche bringt mir Härte.
Ich beschränk mich heut auf innere Werte.

Ach Emil

Der Emil war ein geiler Knabe
und auf junges Fleisch scharf wie ein Rabe.
Obwohl schon selbst hoch in den Jahren
war jugendhaft noch sein Gebaren.

Eines Tages ging er aus,
weit in die Abendstund hinaus.
Er wagte sich, oh welch Verhängnis,
dorthin wo nicht gewollt, Empfängnis.

Die Lichter blinkten hell und schrill.
Der Emil war einstweilen still.
Er sah es, aber ahnte nicht,
was es ihm bringt, das rote Licht.

Er sah es dort am Eingang blinken.
Er sah auch schon die Damen winken.

Kurze Kleidchen, viel Klimbim,
ihn zog es schier zu Ihnen hin.

Der Emil wurde eingeteilt,
zwischen drei Mädels eingekeilt.
Der Emil prahlt mit seiner Kraft.
jetzt soll er zeigen was er schafft.

Champagner tranken alle vier.
Viel Fleisch sah er nun dort und hier.
Der Emil trank und schlürfte weiter,
am End war er unsäglich heiter.

Eine Frauenhand auf seinem Haupt
und seiner Sinne voll beraubt,
war er von sich selber nur ein Schatten,
weil die Damen ihn erleichtert hatten.

Nach Hause gehen hatt nicht Eile,
doch schon nach einer kleinen Weile
lag er draußen vor der Tür.
Er fragte sich: Weshalb, wofür?

Sein Portmonee war leergeräumt.
Drauf achtzugeben er versäumt.
Ein Emil in der alten Haut,
hat dumm und dämlich dreingeschaut.
Ist in Emils Taschen nichts mehr drin,
hat niemand mit ihm was im Sinn.

Der Emil zog das Resümee:
„Ich nie mehr Abends Gassi geh.“
Das Erlebnis war schier ungeheuer.
Vor allem war es sündhaft teuer.

Freie Liebe

Ein Hoch der freien Liebe,
der Unzucht und der Triebe.
Was ich jetzt habe angesagt,
ist bestimmt zu sehr gewagt.

Freie Liebe, zügellos,
ausgeführt von Klein und Groß,
im Taumel der Gefühle,
fern der Gesetzesmühle.

Sittsamkeit – damit ist Schluss,
kein Verdruss, nur der Genuss.
In den Fesseln einer Ehe
verhedderst du dich, wehe!

Freie Liebe auf die Fahnen.
Was das bringt, kann man nur ahnen.
Zügellos sind die Gedanken,
die sich um die Liebe ranken.

So lang das Fleisch noch nicht verschmort,
das Gehirn noch nicht verdorrt,
noch der Körper ist bereit,
ist freie Liebe Zeit.

Die Triebe sind in der Natur
beschränkt nicht auf die Menschen nur.
Schau genauer hin, stell dich drauf ein.
Das kann so falsch nicht sein.

Neunhundert

Nun hört mal her ihr lieben Leute.
Die Neunhundert hab ich heute.
Geschichten sind es nur im Reim,
zum auswärts Lesen und daheim.

Zum Schmunzeln und zum Fluchen,
zum Finden und zum Suchen.
Geschichten in und um das Haus.
Mir gehen schon die Titel aus.

Wenn ihr zufrieden seid, dann lächelt heiter.
Falls nicht, so schreib ich trotzdem weiter.
Beim Tausendsten komm ich wieder auf euch zu,
Vorher geb ich noch nicht Ruh.

Die Zeit im Sauseschritt

Das Ende ist der Anfang nicht,
der Anfang nicht das Ende.
Was immer gleich von statten geht,
bringt niemals eine Wende.

Es soll das Ziel des Menschen sein,
zu erfinden und zu formen.
Neue Wege soll er gehen,
auch außerhalb der Normen.

Hätt der Mensch nie was erfunden,
wir säßen noch am Baum.
Der Mensch heut noch als Affe,
das wär ein böser Traum.

Ich will den Affen nicht vergrämen,
an ihm ist gar nichts schlecht.
Den Aff im negativen Sinn zu nennen,
dazu habe ich kein Recht.

Jahrhunderte stand alles still,
kein Hauch hat sich bewegt.
Um zu leben, um zu sterben,
hat sich der Mensch geregt.

Jetzt läuft die Zeit uns vorne weg,
wer kommt entsprechend mit?
Mit jeder Stund nach Morgen zu,
wird größer noch der Schritt.

Da vorne mit zu rennen,
verspür ich nicht den Drang.
Ich biege ab von der Autobahn
und such den Notausgang.

Erfinden werd ich kaum was Neues,
daran scheitere ich kläglich.
Ich hab genug mit mir zu tun,
ich erfind mich neu fast täglich.

Der Fall

Die Jungfrau ging zum Pfarrer hin
und fragte ihn um Rat.
Weil sie ihr Fenster aufgetan,
ob sie gesündigt hat.

„In der Kammer bin ich wachgelegen,
hab mir was vorgenommen.

Langsam ist die Zeit vergangen,
der Bursch ist nicht gekommen.

Gerichtet war ich für den Fall,
doch der ist nicht eingetreten.
Herr Pfarrer, mir ist schwer ums Herz,
um ihren Rat hätt ich gebeten."

Der Pfarrer war ein alter Mann,
ihn tat kein Zahn mehr weh.
„Ich will dich gern beraten,
so viel ich davon versteh.

Im Fall des Falles ist es Sünde,
ohne Ehering zu lieben.
Doch in dem speziellen Fall,
ist der Fall wohl ausgeblieben."

Stein auf Stein im Domino

Ich sitz allein im engen Raum,
ein Sonnenstrahl wärmt mich heut kaum.
Hinter mir die Zeit, vor mir nur eine Leere.
Im Kopf die eine Frage: wohin ich wohl gehöre?

Das Gebälk an mir wird langsam morsch.
Im Inneren noch leidlich forsch.
Aus beiden bin ich schließlich ganz.
Das ist die große Diskrepanz.

Mit der Jugend will ich mich vergnügen.
Meinem Alter will ich strafen Lügen.
Auch heut mach ich das Kreuz noch hohl.
Beim Blick zurück ist mir ganz wohl.

Da war doch was, auch wenn nicht oft.
Die meisten Wünsche nur erhofft.
Ein Flackern und ein Aufbegehren.
Allein zu sein und doch gehören.

Ein Durcheinander in der Zeit,
Eine Ewigkeit nun schon zu zweit.
Sumpf und Steine auf dem Weg.
Der Weg war schmal, oft nur ein Steg.

Gehatscht, gelatscht, auch oft gegangen.
Beim Gehen, Träumen nachgehangen.
So war der Weg, der mir vergönnt.
Ich hab mich selbst nie groß gekrönt.

Am Wegesrand sah ich die Weichen.
Nie fand ich darin die rechten Zeichen.
Den Blick nach vorn, kaum jemals fern,
wo ich gewesen wär so gern.

Nur eine Weiche, andersrum,
der Weg wär gerade, nicht so krumm.
Vielleicht, vielleicht, kann ich nur sagen.
An der Ungewissheit muss ich nagen.

Andererseits seh ich das so,
darüber bin ich heute froh:
Nichts Schlechtes hab ich machen müssen.
Nicht mit dem Geist, mit Händen, Füßen.

Als Leuchte bin ich ziemlich klein.
Umgangssprachlich: allgemein.
Mein Weg war ebenso, nicht so,
wie beim Stein auf Stein im Domino.

Das Leben

Es läuft das Leben bis zum Schluss,
an einem Strang, in einem Fluss.
Lässt sich nicht lenken, nicht beirren,
kann oft dich kränken, dich verwirren.

Hast du die Jahre nachgezählt,
ob dir bisher nicht eines fehlt?
Das eine so, das andere nicht,
so manches dir im Herzen sticht.

Sind sie beisammen, alles klar,
wie eine große Kinderschar.
Jahre sind wie Kinder, eigen.
Das Leben ist ein Ringel Reigen.

Nachruf an Tante Cilli

So wie sie starb, hat sie gelebt,
hat nie getobt, hat nie gebebt.
Im Leben zäh, dass man sich wundert.
Drei Jahre fehlen ihr auf Hundert.

Ich kenn sie lang, ich kenn sie gut.
Sie bewies im Leben großen Mut.
Wie das Schicksal schlägt, hat sie erfahren,
ganz grauenhaft, in jungen Jahren.

Der Krieg hat ihr den Mann entzogen,
um das junge Eheglück betrogen.
Mit Kraft hat sie sich aufgerafft
und noch ein gutes Heim geschafft.

Ihr Leben war kein Honiglecken,
von Hand zum Mund auf weiten Strecken.
Sie war zuversichtlich, kaum verzagt.
Hat nie „warum, oh Gott“ gefragt?

Auf ihre Kinder war sie stolz.
Jetzt liegt sie im Sarg aus Fichtenholz.
Den letzten Gang, auf ihre Weise,
sind wir gegangen, eher leise.

Sie hat es uns so vorgelebt: „Nur keine Umständ blos.“
So war die Tante Cilli.
Eine kleine Frau nur, doch ganz groß.

Größenwahn

Ein alter Strolch denkt was er möcht.
Sein Leben läuft mehr schlecht als recht.
Zweimal die Woche macht er blau.
„Ein Weib muss her“, denkt er ganz schlau.

Mit allem was damit verbunden.
Die triste Zeit wär überwunden.
Der Typ in grau sieht seine Chance,
stellt in die Zeitung die Annonce.

„Ein netter Herr, noch unbeweibt,
sich mit der Zeit die Zeit vertreibt.
Im Wesen bin ich klug und fesch,
in der Entscheidungsphase ziemlich resch.

Hab Geld und Gut in meinem Eigen,
doch will ich es nicht allen zeigen.
Suche die Frau, die mich verdient.
Dem Schönen bin ich wohlgesinnt.

Mein Anspruch an die Frau mit Herz,
ist Goldkollier, womöglich Nerz.
Mit Penthouse in der Innenstadt,
wo sie auch ihre Bleibe hat.

Bei ihr zu sein, wär kein Problem,
im Penthouse wohnen, angenehm.
Aufs Äußere schau ich nicht recht,
doch auf eines ich bestehen möcht:

Die Vierzig noch nicht überschritten.
Ihre Freiheit nicht mit Freund beschnitten.
Wenn schon die Frau, dann nur für mich.
Auf Kurven steh ich sonderlich.

Die Haare blond, die Augen blau,
die Frau genügsam, nicht zu schlau.
Ich will´s, nicht auf die Spitze treiben,
doch will ich der Herr im Hause bleiben.
Ihr Konto soll gepolstert sein.
Find ich die Frau, dann ist sie mein."

So ist das mit den Heiratsgschichten,
wie sie uns im TV berichten.
Dort stellt sich mancher mächtig hin,
doch nichts ist in der Hülle drin.

Die Wünsche groß und uferlos.
Wer bin ich, wer bist du blos?
Ein alter Greis sucht junges Ding,
weil er noch hofft, dass es noch ging.

Eine junge Frau hat er erkoren.
Die Übersicht hat er verloren.

Benimmt sich wie ein alter Hahn.
Das grenzt schon an den Größenwahn.

Der Spatz und der Alkohol

Da wankt ein Mann im Park herum.
Das rechte Wort: Delirium.
Die Bäume rasen auf ihn zu.
Nun schlägt er auf, verdiente Ruh.

Von seinen Sinnen er beraubt.
Nun setzt ein Spatz sich auf sein Haupt.
Wo er nun sitz ist Brandgefahr.
Alkoholdunst strömt aus Haut und Haar.
„Ich sah solches Aas noch nie zuvor.
Was geht in einem Menschen vor?
Der ist viel größer als ich bin,
was haut ihn auf den Boden hin?

Der Mensch braut selber sich das Gift,
das ihn dann voll im Nacken trifft.
Er nimmt zu sich was ihn zerstört.
Hab solches vorher nie gehört."

Der Spatz zu einem zweiten spricht:
„Dass ich mich wohl fühl, glaub das nicht.
Ich fühle mich kein bisschen wohl.
Bin selbst berauscht vom Alkohol.

Mein Lied

Ich würd gern singen, jubilieren,
würd gern mein Haupt mit Blumen zieren,
doch kein Mensch singt mit, ich bin allein,
mein Umfeld, traurig, ungemein.

Wo Gesang erlaubt, ist nur ein Stöhnen.
Wo Lob erwünscht, ist nur Verhöhnen.
Mein Lied klingt schaurig durch die Nacht,
weil niemand sich die Mühe macht,
mir bei zu steh´n bei dem Gesang,
nicht einmal die Minute lang.

Mein Lied steckt mir nur mehr im Hals.
Es klingt nicht so wie ehemals,
als ich noch unbekümmert war
und genießen konnte, Tag und Jahr.
Als Sorg und Angst noch allgemein,
im Alltag war, ganz hinterdrein.

Meine Stimme steht nicht mehr bereit,
zum Singen in der heutigen Zeit.
Das Klima ist so kalt und rau,
wie bei einer Leichenschau.

Die Vögel sitzen stumm am Dach.
Sie spüren unser Weh und Ach.
Wie der Mensch sich plagt, mal dort, mal hier,
das sieht das kleine Vogeltier.

Ich seh den Zeisig, seh den Fink,
der eine schnell, der andere flink.
Sie alle trauern im Geäst,
weil unser Gram sie stumm sein lässt.

Fink und Zeisig, stimmt mit ein.
Ich würd mich freuen, ungemein.
Der Mensch ist stumm, ist gramgebeugt
und sein Gesicht von Sorgen zeugt.

Nun möchte ich mit den Vögeln singen,
möchte Tier und Menschen Freude bringen.
Meine Sinne nur nach Lust und Freude lechzen.
Noch ist es nicht mein Freudentag,
noch ist es nur ein Krächzen.

Urlaub

Wir machen uns mal aus dem Staub,
mit Schlafsack, Zelt und Caravan.
Wir drei in unserem Auto,
unser Heim hängt hinten dran.

Weil der Sommer bald zu Ende geht,
geht es noch in den Süden.
Dort wollen wir die Psyche stärken,
die Knochen auch, die müden.

Den Enkelsohn mit im Gepäck,
erwarten wir uns Freude.
Dass es ihm auch Freude macht,
erhoffen wir uns beide.

Eine Woche ist doch nur ein Klacks,
zu schnell vergeht die Zeit.
Danach unsere Pflichten zu erfüllen,
dazu sind wir bereit.

Wir melden uns dann pflichtbewusst,
wie eh und je zu Wort.
Täglich unseren Senf zu spenden,
das sehen wir als Sport.

Der Spiegel

Da saß am Hauseingang ein Weib.
Sie saß nicht dort zum Zeitvertreib.
Einen Becher in der rechten Hand.
Ihre Stimme klang wie Bittgesang.

Das Weib war runzelig und alt,
gebeugt und krumm schon die Gestalt.
Rundherum der Menschenstrom.
Sie sahen wohl die Alte schon.

Touristen überall herum,
kaum einer scherte sich darum.
Touristenstadt, Touristenland,
Assisi ist mir wohl bekannt.

Die pflichtbewusste Polizei,
kam wie im Zufall dort vorbei,
sich ihres Amtes sehr gewiss.
Die Alte war ein Hindernis.

Passanten rundherum zu Hauf.
Schnell aus dem Auto, Kappel auf.
Sie walteten, wie ihre Pflicht.
Mitleid kannten sie wohl nicht.

Wie im Gesetz es steht geschrieben,
im Handumdrehn war sie vertrieben.
Die Alte sah mich müde an.
An diesem Blick war alles dran.

Sie hielt uns einen Spiegel hin.
Die Gesellschaft ist zu hart gediehn.

Kein Mitleid mit dem alten Weib.
Sie saß nicht dort zum Zeitvertreib.

Der letzte Freund

Der Alkohol hält manchen fest,
ihn schwindeln und ihn taumeln lässt.
Er nimmt ihm seine Sorgen.
Doch wehe, was kommt morgen?

Morgen kommt das Wehgeschrei.
Die Sorgen sind noch nicht vorbei.
Sie sind noch etwas größer.
Der Alk ist kein Erlöser!

Er bringt so viele in die Not,
treibt manchen in den frühen Tod.
Entzweit was einst zusammenstand.
Schon mancher drin das Elend fand.

Wen er einst hat, den hält er fest.
Er gibt ihm nach und nach den Rest.
Macht süchtig nach dem großen Bluff.
Was anfangs Durst war, wird zum Suff.

Kommt Brüder, schenkt die Gläser ein.
So gut wie heut wird's nicht mehr sein.
Kommt, löst die alten Knebel.
Der Tag versinkt im Nebel.

Es trifft den Starken, wie den Schwachen.
Viel zu spät kommt das Erwachen,
dann ist der Alkohol dein Pate.
Du ziehst ihn Tag für Tag zu Rate.

Er leitet dich, er wirft dich um,
dreht dir das Wort im Kopfe um.

Hast du ihn dir als Freund genannt,
gabst du dein Leben aus der Hand.
Bist du zu schwach, brems dich nicht ein,
wird er dein Freund, dein letzter sein.

Tinnitus

Ich hör das Kosmos Rauschen,
ganz nah ist es bei mir.
Ich muss erst gar nicht lauschen,
das Geräusch ist ständig hier.

Mal ist es schwach im Hintergrund,
mal ist es stark im Vordergrund.
Es tönt oft wie ein Bienenschwarm.
An Kurzweil bin ich gar nicht arm.

Posaunen brauch ich nicht und Flöten.
Ein Radio ist nicht von Nöten.
Es zischt und flüstert immerzu.
Am liebsten hätt ich meine Ruh.

In meiner Not bin ich allein.
Dass das niemand hört, find ich gemein.
Belästigung bis zum Verdruss.
Es grüßt dich schön mein Tinnitus.

Überdruck

Ich drück mich aus, ganz stümperhaft,
mir fehlen meist die Worte.
Ich find sie nicht im Wörterschatz,
nicht von der richtigen Sorte.

Wenn ich so könnte, wie ich wollte,
es würd sich was bewegen.
Ein Gewitter würde niedergehen,
zu unser aller Segen.

Ich würd die Wiesen trocken legen,
zu gleich auch alle Sümpfe.
Die Täter würde ich entlarven,
dies barfuß, ohne Strümpfe.
Die Schleier würd ich niederreißen,
hinter dem das Übel steckt.
Ich würd die Brüder gleich benennen,
was sie auch ausgeheckt.

Die Wendehälse würd ich lernen,
den geraden Blick zu üben.
Egal wo sie auch sesshaft sind,
ob hüben oder drüben.
Den Brei würd ich versalzen,
um den sie ständig reden.
Ich zöge sie zur Rechenschaft
und zwar ausnahmsweise jeden.

Könnt ich den Wortschatz voll gebrauchen,
wie er sich mir anbietet,
ich hätte alle Übeltäter
ins Gefängnis ein genietet.

Den Wortsalat so zu sortieren,
das wär die tolle Sache.
Ich weiß zwar was oft nötig wäre,
doch fehlt mir schlicht die Sprache.

Es brodelt in mir ganz gehörig,
noch hält das Druckventil,
doch wenn ich noch mehr Unfug höre,
wird es mir bald zu viel.
Das Szenario ist folgend dann,
durch die Welt geht stark ein Ruck.
Dann hat es mich zerrissen,
vor lauter Überdruck.

Alt und Jung

Ich bin im Herzen drin ein Knabe,
zwar alt schon, doch noch jung.
Die Knochen werden langsam müde,
noch halt ich sie in Schwung.

Morgens steig ich aus dem Bett,
steif sind meine Glieder.
Ein schwerer Schatten liegt auf mir
und meine Augenlider.

Ich sortiere meine Extremitäten
der Reihe nach zusammen.
Manchmal merke ich es schon,
dass einige schon lahmen.

Es braucht nun etwas Anlaufzeit,
nichts ist mehr mit Alarm.

Allzu schneller Richtungswechsel,
schlägt auf Magen und auf Darm.

Schön langsam kommt das Werk in Schwung
und zwar im richtigen Gang.
Das Frühstück kommt als erstes dran,
drauf wart ich nicht zu lang.

Sollt solches einmal verhindert sein,
wär ein Fehlstart programmiert.
Ins Bett würd ich mich wieder legen,
das ist schon mal passiert.

Das Frühstück nehm ich genüsslich ein,
kaum jemals ist es teuer,
dafür ess ich es langsam,
denn ich bin kein Wiederkäuer.

Nach der Mahlzeit beginnt die Stunde eins,
eine Uhr ist nicht von Nöten,
weil solche Hilfsgeräte,
die Zeit nur unnütz zählen täten.

So geht der Tag unkontrolliert,
doch geht er trotzdem hin.
Oft habe ich schon festgestellt,
er war nicht in meinem Sinn.

Ich würd gern wie die Jungen springen,
über Hügel, über Gräben,
über meine Grenzen wachsen,
tagtäglich was erleben.

Verbotene Früchte nochmals naschen,
der Gefährlichkeit zum Trotz.

Nicht zitternd auf der Parkbank sitzen,
dort wie ein alter Klotz.

Bin ich schon alt, bin ich noch jung?
Es reißt mich hin und her.
Für eins davon mich zu entscheiden,
das ist für mich ganz schwer.

Der gewohnte Trott ist meistens stärker.
Er bremst mich immer ein,
denn man kann nicht alt und jung
im selben Zeitraum sein.

Da Summa ist umma

Da Summa ist umma, folln d Laba vom Bam.
Die Nebel schon ziehen, die Hitze wird zahm.
Schon sind sie ganz selten, die Badenixen am Strand.
Wo einst hektisches Treiben,
nur noch Muscheln im Sand.

Die Früchte sind reif,
die auf den Bäumen noch baumeln.
Manche Früchtchen des Nachts,
auf dem Heimweg schon taumeln.
Der Sommer vorbei, die Hitze dahin.
Schon droht von der Nähe des Winters Beginn.

Der Mensch bereitet sich vor, der Winter kommt bald.
Dasselbe verrichten die Tiere im Wald.
Sie bauen Nester in Höhlen,
gegen die Kälte, schön warm.
Auch der Mensch macht es ähnlich,
ob nun reich oder arm.

Wie Menschen und Tiere, die Jahreszeiten vereint,
so macht es der Herbst
nicht im Parlament, wie es scheint.
Die uns dort regieren,
von denen tropft schon der Schweiß,
denn nach den Prognosen
wird der Herbst ganz schön heiß.

Die Nebel sind dicht dort, im Paralament.
Nur Floskeln und Hülsen,
zu denen sich niemand bekennt.
Es herbstelt ganz schön schon, die Kälte zieht ein.
Doch das ist man gewohnt schon von diesem Verein.

Die Themen sind heiß, doch das bringt keinen Kick,
drum lös ich mich wieder, von der Polilitik.
Ich geh auf die Felder, ich geh in den Wald.
Das bringt mich zur Ruhe, dort finde ich Halt.

Die Natur macht mich friedlich,
dort werd ich ganz stumm.
Dort liegen noch Körner und Zapfen herum.
Die kann ich noch sammeln, kein Hahn kräht danach,
denn vorbei ist die Ernte, die Felder schon brach.
Ich hoffe vom Winter, dass er mich verschont.
Es fröstelt mich jetzt schon,
denn ich bin die Wärme gewohnt.

Sommerausklang

Der Sommer vorbei, ganz ohne Geschrei,
hinaus bei der Tür, wer kann was dafür?
Seit Menschengedenken, derselbe Verlauf.
Auf den Sommer kommt der Herbst hinten drauf.

Viel Gerüche und Farbe in seinem Segment
hat der Herbst, den man den Farbmeister nennt.
Aus den Äpfeln und Birnen wird der süffige Most.
Man hat auch den neuen Sturm schon verkost.

Kastanien und Nüsse, sammeln die Kinder geschwind,
weil sonst schneller beim Sammeln
die Eichhörnchen sind.
Die Blätter sind färbig von Busch und von Bäumen.
Nachdem sie gefallen, die Wege sie säumen.

Schon schwärmen die Vögel, sie ziehen davon.
Bald sind sie in Gefilden, in wärmeren schon.
Die Mäuse und Ratten, ob groß oder klein,
die zieht es von den Feldern in die Häuser hinein.

Von den höheren Bergen, man seinen Augen nicht traut,
viel zu früh schon der erste Schnee runter schaut.
Ich muss nicht mehr mähen, ich kehr nur das Laub.
Wo ist hier der Vorteil, frag ich mit Verlaub?

Die Sehnsucht nach Wärme, kommt mir ins Gemüt.
Ich weiß was im Winter für Kälte mir blüht.
Noch ist es nicht Winter, noch grünt mancher Strauch,
doch trifft man schon Fürsorg, nach uraltem Brauch.

Vom goldigen Herbst, so mancher noch schwärmt,
weil die Sonne die Erde noch ein wenig erwärmt.
Jetzt zähl ich die Tage, bis in den Frühling hinein.
Bis ich wieder Wärme verspüre, wie lang wird das sein?

Bis sich die Erde wieder
entsprechend der Sonne zuneigt
und das Thermometer wieder genügend Grade anzeigt.
So nehm ich den Herbst und den Winter zum Schluss.

Das Frühjahr, der Sommer entschädigt,
für des Winters Verdruss.

Des Herbstes Fülle

Der Sommer schleicht sich scheibchenweise,
er verschwindet heimlich, still und leise.
Des Herbstes Fülle allerorten,
hie und da mit vielen Sorten.

Mit Trauben, Birnen, Äpfel, Nüsse,
das alles und noch mehr Genüsse.
Die Fässer voller neuem Wein.
Der Herbstwind bläst zum Fenster rein.

Der Wald ist voller Farbenpracht.
Sie Sonne noch vom Himmel lacht.
Des Herbstes Fülle im Finale.
Kastanien mit und ohne Schale.

Verzogen ist die Vogelschar,
dorthin, wo schon manches Jahr.
Die Tiere drin in unserm Wald
begeben sich zur Ruhe bald.

Öd und leer der Badeteich,
das war des Sommers letzter Streich.
Ein letzter Fetzen Stoff am Strand.
Vergessen wurde er im Sand.

Der Bikini tat brav seine Pflicht,
doch braucht man ihn bei Kälte nicht.
Nicht Hitze mehr, nur Wärmegrade.
Die Badegäste jammern „schade“.

Des Herbstes Fülle, ein Gedicht,
weil der Herbst den Sommer bricht.
Die Tage sind noch warm und lind,
doch die Nächte ziemlich kühl schon sind.

Der Sommer fort, der Herbst beginnt.
Der Schweiß nicht mehr in Strömen rinnt.
Schon fröstelt mancher arme Mann,
weil er sich nicht erwärmen kann.

Unter der Brücke wird es ähnlich kalt.
Das nennt man schlicht Naturgewalt.
Der Sandler mit dem Elend voll,
erwärmt sich nun mit Alkohol.

Wär der Sommer jetzt noch voll intakt,
der Sandler läge splitternackt
in seinem Haus aus Pappkarton,
so aber friert er heftig schon.

Ich bin vom Sommer angetan
und seh mir schöne Frauen an,
wie sie ganz wenig angekleidet.
So manche Frau hab ich beneidet,
wie sie sich kleiden, ziemlich spärlich.
Deswegen ist der Sommer herrlich.

Nun geb ich schon das Nörgeln auf.
So ist nun mal der Zeiten Lauf.
Sommerausklang, des Herbstes Fülle.
Allerseelen, Totenstille.

Wunschkonzert

Man möcht es schon, doch wagt es nicht,
zu streng droht wohl das Strafgericht.
Kein freier Wunsch, nur banges Warten,
weil die Sitte sagt: Nur nicht entarten.

Ein freies Wort von Mann und Frau,
zwecks Wunscherfüllung wäre schlau.
Was sich heimlich da hat aufgestaut,
sich niemand es zu sagen traut.

In den Geboten fest geschnürt,
als prüde Memme schon gekürt.
Die Freude bleibt stets vor dem Tor,
die Sittsamkeit kehrt man hervor.

Was uns seit Kindheit eingebläut,
das uns im Alter später reut.
Ich werf die Regeln übern Zaun,
in Zukunft werde ich mich traun,
was heute mir noch Ängste schürt.

Doch Morgen mach ich ungerührt,
was Freude und was Lust bereitet.
Auch wenn man sich darüber streitet,
die Freundschaft mir zu künden neigt
und strafend schon den Finger zeigt.

Wer ist so frei und hat den Mut,
dass er wie ich dasselbe tut?
Die Beziehung setz ich auf das Spiel.
Das ist vom Einsatz nicht zu viel.

Ich werfe nun, mit einem Wort,
die Sittsamkeit gleich über Bord.
Nur frech drauflos und ungebunden,
die Ängstlichkeit ist überwunden.

Meine Wünsche werd ich praktizieren.
Nicht unnütz Stunden noch verlieren.
Nur grad heraus, was mich bedrückt.
So hoffe ich, dass alles glückt.

Meine Sorgen

Des Nachts zur tiefsten Schlafenszeit
macht sich mir Angst im Herzen breit.
Wie bewältige ich meine Sorgen?
Was bringt mir schon der nächste Morgen?

Ich seh nicht durch, nicht einen Blick.
Bringt er mir Unglück oder Glück?
Steig ich ins Auto, unbedarft,
werd ich womöglich gleich bestraft.

Die Polizei steht immer dort,
am falschen Ort, mit einem Wort.
Steig ich zwecks Baumschnitt auf die Leiter,
stürz ich ab, ich denk nicht weiter.

Neulich habe ich erfahren,
als wir mit Freunden essen waren,
dass ein Freund, ein gewisser Walter,
gestorben ist, in meinem Alter.

Das raubt mir den Schlaf, das regt mich auf.
Gleich lang ist schon mein Lebenslauf.

Wenn er hinüber, wo bleibe ich?
Ich spür im Herz schon einen Stich.

Ist das der Anfang schon, vom Ende?
Ein Schmerz durchzuckt auch meine Hände.
Ganz ausgetrocknet ist mein Mund.
Mein Gott, ist das die letzte Stund?

Darauf bin ich gar nicht vorbereitet.
Nur mit Pyjama angekleidet.
Wie seh ich aus, bin ich frisiert?
Was mach ich nur, wenn es passiert?

Hab ich Sünden aufgeladen?
Ein Stoßgebet könnte nicht schaden.
Aber wohin und welcher Text?
Mir fällt nichts ein, es ist verhext.

So sind des Nachts halt meine Sorgen.
Todmüde bin ich dann am Morgen.
Geh ich zur Bank, trifft mich der Schlag.
Dann wär das auch mein letzter Tag.

Was bringt die Post mir in mein Haus?
Das sieht nach einem Pfandbrief aus.
Mach ich ihn auf, lass ich ihn zu?
So martert man mich immerzu.

Tag und Nacht nur Angst und Schweiß.
Für mein Leben ist zu hoch der Preis.
Ich bau mir einen starken Turm
und verkriech mich drinnen wie ein Wurm.

Nur durch die kleinsten Lüftungslucken,
werd ich dann zu euch raus gucken.
Die Angst lass ich bei euch her außen.
Drinnen werd ich friedlich hausen.

„Die Ehe schmeckt wie süßer Wein!"

So fängt die Frau das Männchen ein.
Und darf er einmal bei ihr schlafen,
ist er schon drin im Ehehafen.
Außerhalb ist Sperrgebiet!
Das bekommt er erstmal gar nicht mit.

Die Ehe ist kein Honiglecken.
Der Mann muss sich gehörig strecken.
Schleppt für beider Heim dann Stein um Stein.
Der Stein im Ring ist ihr zu klein.
Kauft er für sie die falsche Karre,
schon hat sie ihn an der Kandare.

Das Eheleben, eine Plage.
Zusammensein fast alle Tage.
Er darf nicht, was er möchte gern.
Sie sieht in ihm nicht ihren Herrn.
Wenn er am Abend noch recht munter,
hat sie Migräne, meist mitunter.

Die Ehe ist ein Schicksalsschlag.
Kein Frieden mehr den ganzen Tag.
Zusammenleben unter Krampf.
Tagtäglich übt er Freiheitskampf.
Die Freiheit ist ein lahmes Wort.
Für ihn ist sie für immer fort.

Die Ehe ist ein Urteilspruch.

Seine Frau dafür ein Rätselbuch.
Der Rätsel kennt sie viel zu viele.
Sie zwingt ihn nun zu Partnerspiele.
Der Mann ist nur ein armer Wicht.
Er glaubt, er sei, doch ist er nicht.

Die Ehe ist ein Jammertal.
Er endet meist am Marterpfahl,
gebunden fest mit einem Strick.
Zu laut gedacht war die Kritik:
Sie habe Arme, Schenkel, runde
und außerdem zu viele Pfunde.

Die Ehe ist ein Felsenpfad,
auf dem er keine Chance hat
vom Weg mal abzuweichen,
die Freiheit zu erreichen.
Kein Ausweg ist in Sicht,
denn er ist verehelicht.

Ein Schreckgespenst ist nun die Ehe.
Bist du da drinnen, Männchen, wehe!
Die Frau ist nun dein Strafgericht.
Milde kennt sie meistens nicht.
Eine Dummheit hat er groß begangen.
Im Käfig ist er eingefangen.

Sein Weg ist ab jetzt unbegradigt.
Von der Ehe wird er nicht begnadigt.
Wie im Wasserglas ein Fisch,
so schwimmt er nun vom Bett zum Tisch.
Er ist für andere Frauen unempfänglich.
Das Urteil lautet: Lebenslänglich!

Die Ehe ist ein süßer Wahn

„Die Ehe schmeckt wie süßer Wein".
So fängt die Frau das Männchen ein.
Er schmilzt dahin, wie Schnee im Mail
Die Einsamkeit ist nun vorbei.

Nun hat er endlich was er will.
Jetzt ist er friedlich, zahm und still.
Sein Frauchen ist die reinste Wonne.
Sein Ein und Alles in der Sonne.

Er verbrennt schier an des Frauchens Hitze.
Sie treibt ihn täglich auf die Spitze.
Zusammenleben ein Genuss.
Wonne, Kollaps, der Erguss.

Die Ehe ist wie Sonnenschein.
Er scheint dem Mann ins Herz hinein.
Nimmt er auch täglich Stress in Kauf,
richtet sie ihn wieder auf.
Sein Job ist eine schwere Bürde,
zu Haus verschafft sie ihm die Würde.

Die Ehe ist des Mannes Trost.
Den Gewinn hat er sich zugelost.
Die Pantoffeln stehen vor der Tür,
denn nach der Pflicht kommt nun die Kür.
Er freut sich wie auf Schokolade.
Warum nicht öfters, jammerschade.

Die Ehe ist sein Rettungsanker.
Sinkt er auf Grund auch wie ein Tanker,
sie hilft ihm auf, sie zieht ihn hoch,
auch aus dem tiefsten, dunklen Loch.
Auch wenn er aussieht wie ein Wrack,
macht sie ihn wieder groß und stark.

Die Ehe ist des Mannes Glück.
In der Frau hat er sein Gegenstück.
Er nach anderen Frauen nicht mehr schaut,
denn sie ist ihm nun angetraut.
Nur Glück und Freude ohne Streit.
Zufriedenheit für alle Zeit.

Die Ehe wirkt wie Heroin.
Er ist in einem Taumel drin.
Von einem Höhepunkt zum zweiten
sich ihm die Pupillen weiten.
Zufrieden ist er, müd und matt
und verschrumpelt wie ein welkes Blatt.

Zum Glück hat sie ihn auserkoren,
denn ohne sie wär er verloren.
Sein Hauptgewinn, sein tolles Weib.
Für ihn der beste Zeitvertreib.
Er fühlt sich wohl in ihrer Nähe
Glücksgefühl in höchster Höhe.

Sie verköstigt ihn nach gutem Brauch,
das merkt man schon an seinem Bauch.
Sie aber sieht darüber hin.
Für sie ist er ein Zugewinn.
Auch wenn er schon recht häufig stört,
eine Kritik hat er noch nie gehört.

Er kann im warmen Ehehafen,
in ihren Armen ruhig schlafen.

Er braucht im Bett nicht lange zu labern,
er darf an ihren Formen knabbern
und muss nicht seine Triebe zügeln.
Er fühlt sich wie auf Engelsflügeln.

Auch der bravste Mann hat kleine Sünden,
wie die Berichte davon künden.
Schaut er mal links, schaut er mal rechts,
auch mit Nachdruck des Geschlechts,
die Frau darf nie davon erfahren,
in all den Ehejahren.

Die Frau, des Mannes Ruhekissen.
Geht er fremd, ruft sein Gewissen.
Es ruft und quält ihm immerzu
und lässt ihm fortan keine Ruh,
bis er es endlich wagt, es zu gestehen.
Nun liegt der Arme in den Wehen.

Kannitverstan

Kannitverstan im trauten Heim.
Streitgespräche ohne Reim.
Selbe Sprache, selber Ort.
Falscher Zeitpunkt, falsches Wort.
Die Wörter fliegen hin und her.
Nun gibt es kein Verständnis mehr.

Kannitverstan wie kaum zuvor.
Das falsche Wort, fürs falsche Ohr.
Die Laute sind nur Rauch und Schal
und viel zu laut auf jedem Fall.

Aus dem Ruder läuft das Spiel.
Der Emotionen viel zu viel.

Kannitverstan, was ist passiert?
Man hat im Tonfall sich geirrt
und die Wörter falsch gewählt.
Die Empfindsamkeit hat drin gefehlt.
Ein wahrer Abgrund tut sich auf.
Das Unheil nimmt nun seinen Lauf.

Kannitverstan, wie kann das sein?
Wie ein Stich fährt es ins Herz hinein.
Worte können töten, morden.
Schon mancher ist vernichtet worden.
Eine Waffe ist des Menschen Sprache.
Wer sagt, wie ich es richtig mache?

Kannitverstan im Lauf der Zeit.
Die Sprache ändert sich zu zweit.
Ein Egoist hat kein Gefühl,
das macht den Partner stumm und still.
Des einen Standpunkt, überheblich.
Mitgefühl sucht man vergeblich.

Kannitverstan, nur stummes Schweigen.
Ohne Wort, Verletzung zeigen.
Der vielen Worte, wenig Sinn.
Die Wogen stürmen her und hin.
Zur rechten Zeit, nimmt aus dem Streit,
man die Geschwindigkeit.

Kannitverstan, ein weiser Spruch.
Man find es nicht im Wörterbuch.
Verläuft ein Streit auch niederträchtig
und ist der Sprache nicht mehr mächtig,

so sagt man nur: „Kannitverstan.“
Das kommt beim Gegenüber an.

Novemberschnee

Der Greis im Park an einem Baum
träumt dort noch seinen Jugendtraum.
Die Frühlingsluft ist leicht und lind.
Wie doch die Kleider luftig sind
von den Frauen, die vorbei nun hasten.
Er hat nun Zeit und darf nun rasten.

Wie die Formen in die Augen springen!
In den Bäumen hoch die Vöglein singen.
Ade, ade, du schöner Mai.
Die Jugendzeit ist längst vorbei.

Dort hinten steht ein junges Paar,
die sind verliebt, das ist doch klar.
Zu lieben wär er noch bereit,
doch er ist allein und nicht zu zweit.

"Du alter Greis", würd jede denken.
Wer soll sich noch den Hals verrenken?
Die Knochen morsch, die Haut schon alt,
doch im Herzen drinnen noch nicht kalt.

Er hört von fern das Glockenspiel.
Derselbe Klang war einst sein Ziel.
Dem folgte er mit seiner Braut.
Das Herz in ihm, es pochte laut.

Vorbei, vorbei, du schöner Mai.
Die Jugendzeit ist längst vorbei.

Nun gibt er sich noch einen Ruck:
"Schön wäre schon ein Händedruck."

Nun fröstelt ihm, es wird ihm klar:
Kein Hochamt mehr auf dem Altar.
Wie sie ihm einst hat hochgelobt,
in seinen Armen laut getobt,
vor Liebe und Ekstase blind.
Wie sind nur heut die Lüfte lind.

Wo sind nur all die Zeiten hin?
Gibt es keinen Neubeginn?
Mit einem Mal bricht es heraus:
"Das Leben ist doch noch nicht aus.
Die alten Leut zum alten Eisen ?
Ich muss das Gegenteil beweisen."

Und plötzlich wird ihm wieder kalt.
"Ich bin dazu schon viel zu alt.
Ich lass mich in das Abseits rücken.
Muss meinen Herzschmerz unterdrücken. "

Die Jugend lebt, das Alte stirbt.
Das täglich man mit Werbung wirbt.
Seine Augen flackern noch im Wind.
Wie sind nur heut die Lüfte lind.

Nun starrt der Alte vor sich hin.
Aussichtslos, ein Neubeginn.
In seinem Herzen kein "Juchhe",
doch auf seinem Haupt Novemberschnee.

Künstlerbrot

Künstlerbrot ist hart wie Stein
Wer kann davon gesättigt sein?
Man sieht auf ihn, doch einerlei
und denkt sich Schabernack dabei.

Du gibst ihm selten deine Huld.
Hat er nichts zum Beißen, selber Schuld.
Wenn er nichts kann, ist er blamiert.
Wenn er aufs Brot sich Farben schmiert,
wird er nicht satt von diesem Brei.
Kunst ist Kunst, ist zweierlei.

Wer nichts verdient, hält es nicht aus.
Er wird nicht satt, nur vom Applaus.
Ein Künstlerleben ist beschwerlich,
doch mancher Fan ruft: "einfach herrlich!"

Ein Leben lebt er in der Not
und wird berühmt erst nach dem Tod.
Ein Künstlerleben, ist entbehrlich.
Die Erben nach ihm leben herrlich.

Der Künstler selbst galt als Verdrießer
Nie war im Leben er Genießer
Wo bleibt die Anerkennung, wo sein Lohn?
Die Antwort klingt fast wie ein Hohn.
" Ein Kunststück war sein Leben schon“

Karrieredenken

Es boxt sich ein Abteilungsleiter
nach oben hin beharrlich weiter.
„ Hinauf auf die Karriereleiter,
denn oben ist das Klima heiter.“

Er tritt nach rechts, er tritt nach links.
er trifft den Bums, er trifft den Dings.
Ein Stillstand ist ganz ausgeschlossen.
Schon wieder höher ein paar Sprossen.

Er ständig sich nach oben rankt.
Die Luft wird dünn, die Leiter schwankt.
Er schaut nun sinnend auch nach unten.
„ Da unten sind sie erdgebunden.

Wie Ameisenvolk, so winzig klein.
Nicht jeder kann ein Meister sein.
Es wird gefährlich, sicherlich,
doch was ich geschafft, ist meisterlich.

Wer oben steht, ist eben Klasse.
Ich will nicht in die breite Masse.“
Aber unten steht ein neuer Mann,
der seinen Aufstieg stoppen kann.

Gespannt sieht er zu ihm hinab.
Der sägt ihm dort die Leiter ab.
Kurz darauf kommt auch der Sturz.
Karrieredenken, nur ein Furz.

Zufriedenheit

Zufriedenheit macht träge,
macht Herz und Sinne stumpf.
Zufrieden ist schon mancher,
wenn er nicht untergeht im Sumpf.

Das Wasser steht ihm bis zum Mund,
doch es schwappt noch nicht hinein.
Das ist doch schon ein Grund,
er kann zufrieden sein.

Wem das nicht reicht, der wird benannt,
als Querulant in unserm Land.
Was ist Zufriedenheit nun wirklich,
wie definiert man sie nun richtig?
Dem einen ist sie angenehm,
dem andern nicht so wichtig.

Der eine lebt zufrieden,
sein Anspruch ist ganz seicht.
Des andern Anspruch liegt schon höher,
er ihm nicht wirklich reicht.

Zufriedenheit ist dehnbar,
nie lässt sie sich blockieren.
So sehe ich Zufriedenheit,
doch könnt ich mich auch irren.

Banater Bergland

Ich war auf Urlaub im Banat.
Das fand ich eine gute Tat.
Er tat mir gut, im wahrsten Sinn.
Ich fand Kultur im Lande drin.

In früheren Zeiten eingereist
war Kultur von Ferne eingespeist.
Ein Volk durchmischt mit allerlei,
dass es ein neuer Volksstamm sein.

Woher sie kommen, in den Zeiten?
Weiß nicht genau, da müsst ich streiten.
Ist auch egal, sie sind gelungen
und haben Recht sich ausbedungen.

So leben sie seit Jahr und Tag,
wie in diesem Land so jeder mag.
Doch eines fand ich nicht so toll:
Nicht wenig macht der Alkohol.

Ich denk zurück, in meinem Land
war selbiges auch gut bekannt.
Es steht nicht zu, mir die Kritik,
sonst dreht man mir noch einen Strick.
Lass Zeit verstreichen in den Ländern,
dann werden Bräuche sich verändern.

Der Hasenfuß

„Mein Name ist Hase, meist bin ich sehr schlau,
doch weiß ich von nichts und das nicht genau.“
Den Spruch mit dem Hasen hab ich oft schon gehört,
doch das ist eine Masche, ganz nobel erklärt.

Nichts hören, obwohl die Löffel gerichtet.
Dass er absichtlich nichts hört, wird ihm angedichtet.
Dasselbe gilt für den Hasen in Bezug auf das Sehen.
Falls er kurzsichtig ist, kann ich das verstehen.

Ansonsten ist der Hase ein niedliches Tier.
Falls er wirklich nichts sieht, kann er gar nichts dafür.
Vom Hasen zum Menschen sind nur wenige Schritte.
Mit ähnlichen Schwächen sind viele in unserer Mitte.

Der strengt sich nicht an, weil bequem ist bequem.
Nichts sehen, nichts hören, das hat schon System.
Dass man die Welt so verbessert,
glaubt man das ehrlich?
Die Übel verschweigen, ist meistens gefährlich.

Ich bin nun kein Hase und heiß auch nicht so.
Dass ich sehe und höre, darüber bin ich doch froh.
Auch wenn mich belastet, was so mancher verbricht.
Ich sehe und höre, doch verzweifle noch nicht.
Dass die Welt vom Unrat von selber sich reinigt,
das glaube ich nicht, auch das wird mir bescheinigt.

Sollte ich Hase mal heißen, dann bin ich ganz schnell,
zu helfen, zu stützen und gleich auf der Stell.
Falls mir im Leben mal was Böses passiert,
dann bin ich vom Hasen zum Löwen mutiert.

Unverhofft

Ein buckelkrummer kleiner Zwerg,
ging eines Tages auf den Berg.
Gleich nach ein paar Schritten blieb er stehen.
Er sah den Weg nur aufwärts gehen.
„ Der ist zu steil, das ist zu zäh,
dass ich nur immer aufwärts geh.“

Er sagte sich: „ Ich bin nicht dumm,
gleich da vorne kehr ich um.“

Bald waren ihm die Knie schon weich.
Wo vorne war, das sah er gleich.
„ Bis nach vorne hin, mit festem Tritt,
dann mach ich keinen weiteren Schritt.“

So ging das Spiel von neuem los.
„ Noch einen Schritt, zwei Schritte blos.“
Er sagte sich: „ Ich bin nicht dumm,
bis vorne hin, dann kehr ich um.“
Er war zwar klein, doch war er schlau,
wo vorne war, sah er genau.

„Bis vorne hin, noch ein paar Meter,
da hilft kein Jammern, kein Gezeter.“
Sein nächstes Ziel war bald verlorn,
denn als er nach vorne kam, war vorne vorn.
So ging er verwundert zwar, doch heiter,
noch ein paar Schritte, vorwärts weiter.

„ Nur Schritt für Schritt, der Berg ist hoch,
bis vorne hin, das schaff ich noch.“
So plagt der Zwerg sich stundenlang.
In seinem Kopf der eine Drang:

„ Bis vorne hin, dann kehr ich um.
Ich bin zwar klein, doch wohl nicht dumm.“

Wie ist die Mär nun ausgegangen?
Ein Zwerg ist auf den Berg gegangen!
Nun stand er oben ganz allein.
„ Wie kam ich rauf, wie kann das sein?“

So geht es allen Zwergen gleich.
Erst sind sie klein, dann sind sie reich.
Sie zweifeln meist und staunen oft,
denn unverhofft kommt oft.

Mach es!

Mach es doch endlich und mach es auch richtig,
alles andere ist im Grunde völlig unwichtig.
Mach es noch während deiner Lebenslaufzeit,
sonst hast du Versäumtes zu spät bereut.

Nicht denken darüber, was könnte wohl sein.
Scheuch weg die Gedanken, hau dich jetzt hinein.
Mach es doch endlich, bevor es zu spät.
Wart nicht zu lange, bis nichts mehr dann geht.

Ein Quäntchen Feuer im Blut kann dir nicht schaden.
Hast Unnützes sicher genug aufgeladen.
Mach endlich das eine, wonach dir gelüstet.
Auch du bist im Grunde dafür ausgerüstet.

Nicht säumen und zaudern wie eine ängstliche Memme.
Nichts machen und jammern hilft nicht aus der Klemme.
Hau rein deine Kraft, deinen Mut und dein Wissen.
Die Früchte daraus kannst du sicher genießen.

Wer jammert und bettelt und Bittbriefe schreibt,
der sicher am Ende allein übrig bleibt.
Schöpf aus, deine Quelle, die im Verborgenen sprießt.
Macht ein anderer es vor dir, wie dir das verdrießt.

Lass brennen dein Feuer, gieß etwas Öl noch dazu,
weil unter der Erde hast genug Ruhe noch du.
Kein Wenn und kein Aber, lass gelten zum Schluss.
Sag laut zu dir selber die Worte: „ ich muss!“

Zusammenhänge

Stein auf Stein, ergibt die Mauer,
starker Regen, einen Schauer.
Hoch und höher, eine Spitze,
ein kleiner Spalt ist eine Ritze.

Ein Samenkorn bringt neue Frucht.
Meist findet was, wer etwas sucht.
So stellt sich unser Leben dar,
Tag für Tag, so manches Jahr.

Wer falsch vermeldet, immer lügt
und den Partner nur betrügt,
wer anderen sagt, ein Narr zu sein,
den holt die eigene Lüge ein.

Wer fleißig ist, erwirbt Profit.
Wer langsam ist, kommt kaum noch mit.
So mancher bleibt, weil er so schwach,
ein Möchtegern, doch nicht vom Fach.

Er lebt nur in der Fantasie
und begreift Zusammenhänge nie.
Ein lauter Ruf in Richtung Wald,
schon kurz darauf das Echo schallt.

Das Volk belügen, geht nicht gut.
Dem Lügner brennt schon bald der Hut.
Wenn dann das Volk den Lügner kennt,
dann dessen ganze Kleidung brennt.

Macht jemand Krieg, nur großes Leiden.
Die es dort trifft, nicht zu beneiden.
Nicht Lob gehört der Politik.
Das beste Lob ist die Kritik.

Gewissensnotstand gleich erklärt,
wer sich nicht dagegen wehrt.
Wer nichts tut, darf auch nichts erwarten,
der hat im Leben schlechte Karten.

Das eine hebt das andere auf,
so ist nun mal der Lebenslauf.
So kommt das Leben in die Gänge.
Wohin man schaut, Zusammenhänge.

Innen hohl

Ein starker Mann am Trottoir
vom guten Geist verlassen war.
Er schrie und lärmte, volles Rohr
und nahm sich einen Schutzmann vor.

Die Kraft hat er sich eingestreift,
mit Bier und Wein sich eingeseift.
Der Schutzmann war ganz außer Haus,

das sah nach einer Handlung aus.

Er schritt zur Tat und waltete
und die Handlung gleich gestaltete.
War kurz danach schon ein Organ
und schrie den Alko Rowdy an.

„Mach dass du fort kommst, dummer Hund,
sonst gehst im Käfig du zu Grund.
Zieh Leine und verdrück dich blos,
sonst lass ich den Revolver los.“

Das war dem starken Mann zu stark.
Das traf ihn bis ins Rückenmark.
Die Kraft, die vorher aufgestaut,
war im Handumdrehen abgeflaut.

Was lernen wir von dem Verlauf?
Was sag ich da als Fachmann drauf?
„ Der stärkste Mann ist innen hohl,
hat er nicht Kraft vom Alkohol.

Der Lebensweg

Der Lebensweg ist kurvenreich.
Der Startpunkt ist für alle gleich,
doch was so mancher macht daraus,
das sieht nach Harakiri aus.

Einer säuft sich voll und qualmt sich ein.
Ein Lebensstil nur so zum Schein.
Verjuxt sein Erbe einerseits,
nun lebt im Notstand er bereits.

Der eine lebt ganz liederlich,

der andere gönnt nichts Schönes sich.
Ein anderer rennt von früh bis spät,
wie es in keinem Buche steht.

Andererseits der immer steigt
und nur in den höchsten Höhen geigt.
Der eine ist ein Tunichtgut,
der andere nie im Leben ruht.

Wie sind die Wege so verschieden?
Dem einen ist das Glück beschieden.
Ein anderer hat die Not gepachtet,
hat nie auf seinen Weg geachtet.

Wer hat die Wege eingeteilt,
dass mancher schon am Abgrund weilt?
Der Passant der auf dem Wege geht,
zuerst am selben Startpunkt steht.

Wie er es macht, wie er es dreht,
das noch in keiner Regel steht.
Ein jeder schmiedet sich sein Glück.
Kein Stück vom Weg kommt je zurück.

Ich muss hier doch die Regel nennen.
„Ein jeder muss den Weg erkennen.
Mach nicht zu viel, mach nicht zu wenig.
Am Mittelweg bist du der König"

Alles schön zu seiner Zeit

Alles schön zu seiner Zeit.
Das Denken ist meist Schwerstarbeit.
Das Gehirn hat seine Strategie,
es funktioniert nicht irgendwie.

Bei manchen schießt der Geistesblitz
gleich durch die Gänge, wie ein Witz,
ist schnell erfasst und doch nicht schlecht.
Ein anderer gern denken möcht,
doch nichts bewegt sich in den Zellen.
Das gibt es auch in vielen Fällen.

Da soll das Hirn etwas begreifen,
doch muss der Vorgang vorerst reifen.
Es wird überlegt, mal hin, mal her.
Das Begreifen fällt ihm gar so schwer.

Ein Rätsel steht nun da im Raum,
Für manchen wie ein böser Traum.
Er möcht das Rätsel gern begreifen,
doch muss der ganze Vorgang reifen.

Die Reifezeit ist viel zu lang
und zur Entwicklung fehlt der Drang,
so bleibt das Rätsel rätselhaft,
als Rätsel in der Eigenschaft.

Was man nicht begreift, ist abzulehnen,
das muss man sich zu Herzen nehmen.
Eines Tages geht sein Geistesblitz
auch durch die Gänge wie ein Witz.

Dann wird auch er begreifen,
er muss nicht lange reifen.
Bei manchem geht der Vorgang strenger,
deshalb braucht er etwas länger.

Hinterher

Jeder muss sein Leben leben,
wie es ihm zugedacht.
Leben bleibt doch Leben,
was man daraus auch macht.
Trotzdem ist es deines,
auch wenn es beinah bricht.
Auch wenn du grad am Boden bist,
verzweifle deshalb nicht.

Kopf hoch, es wird bald besser,
nimm es dir einfach vor.
Halt fest an dem Gedanken,
dann geht es steil empor.
Geht dir auch bald die Puste aus,
ist die Zuversicht zu schwach.
Schachmatt bist du noch lange nicht,
erst am Ende wie beim Schach.

Das Ende kommt am Ende erst,
vorher gibt es Kampf,
auch wenn das Leben misslich ist,
nichts weiter als ein Krampf.
Was ist denn schon die kurze Zeit,
die man uns zugedacht,
die der Mensch von der Geburt
bis zum Tod hat zugebracht?

Hinterher, ja hinterher,
die Gewissheit bleibt noch offen.
„Hinterher“ kommt jedenfalls,
das dürfen wir erhoffen.
„Hinterher“ wird besser sein,
darauf möcht ich alles wetten.
Dort werden wir zufrieden sein,
in den gewissen Stätten

Was dich auch heute niederschlägt,
das bringt dich noch nicht um.
Forsch nach in dir, mach Kassasturz,
frag andere nicht warum.
Du hast dein Leben ausgefasst,
man hat dich nicht gefragt.
Wie es auf Schiene laufen wird,
hat man dir nicht gesagt.

Verzweifle nicht des Unglücks wegen,
„Hinterher“ kommt bald.
Manchmal kommt es vorher schon,
bevor du richtig alt.
Nimm nicht so wichtig deine Sorgen,
die sind bedeutungslos.
Zum Beispiel gebe ich die Wüste,
ein Sandkorn sind sie blos.

Wenn ich mich hier vermelden darf,
zum Thema „Hinterher“.
In letzter Zeit, nun in den Jahren,
interessiert mich das auch sehr.
Ich möcht es Neugier nennen,
was mich zu „Hinterher“ bewegt.
Bei Diskussionen übers Sterben,
bin ich ganz angeregt.

Mein Leben ist ein Probelauf,
eine Lehrzeit Jahr für Jahr,
nur der Versuch zum Übertritt
ins „Hinterher“ fürwahr.
Darum Kopf hoch, ihr lieben Leser,
ich möcht Freunde euch benennen.
Man sollte sich bei Lebenszeit
zu „Hinterher“ bekennen.

Hotelaufenthalt

Es regnet draußen, drin ist´s trocken.
Ich befrei mich schnell von meinen Socken.
Was ich hier mach, mach ich jetzt schnell,
denn die Stund ist teuer im Hotel.

Wenn ich bezahl, will ich genießen,
in schönen Häusern, wie in diesen.
Wie ich hier sitz und wie ich liege,
ich nehme alles was ich kriege.

Die Überzüge find ich nett,
auch wenn es nur ein Stundenbett.
Was ich bezahl, will ich genießen,
auch in den Häusern, wie in diesen.

Find ich das Haus besonders nett,
dann nehm ich gleich ein Wochenbett.
Was Hotel betrifft und Stundenbett,
dazu ich einen Zusatz hätt.

Was ich jetzt sag, klingt ideell:
Im Stundenbett geht alles schnell.
Ich möchte mich nicht näher drüber äußern.
Nie war ich drin in solchen Häusern.

Was ich auch mach, mach ich gediegen,
auch alles andere, als im Liegen.
Man denkt, das wär das Paradies,
doch außerdem und überdies,
kommt hinterher dann das Erwachen,
gehst du nach Haus mit halben Sachen.

Es ist nichts drinnen, als nur Schnee,
in deinem leeren Portmonee.
Ich hab mit Solchem nichts zu schaffen.
Wenn ich schon liege, will ich schlafen.

Morgen geht die Reise weiter.
Mein Ziel ist dann mein Wegbegleiter.
Seh ich am Weg dann ein Hotel,
dann mach ich folgendes noch schnell:

Es regnet draußen, drin ist´s trocken.
Ich befrei mich schnell von meinen Socken…
Und so weiter und so weiter.
Noch bin ich nicht gescheiter.

Der Föhn

Es weht ein warmer Wind durchs Land.
Im Volksmund wird er Jauk genannt,
Das warme Lüfterl tut mir gut.
Er macht mich jung und frohgemut.

Zu viel Nebel war schon tags zuvor.
Tagsüber stieg er kaum empor.
Ich war von ihm ganz eingehüllt
und habe mich ganz feucht gefüllt.

Dazu die Kälte, durch und durch,
am Boden kroch sie, wie ein Lurch.
Jetzt geht der Jaukwind, wohlgemerkt,
der nicht nur meine Glieder stärkt.

Er strömt auch in mein Herz hinein.
Ich fühle so, doch nicht allein,
auch andere sind schon aufgekratzt,
von des Windes Wirkung angepatzt.

Sie machen, was sie sonst nicht tun.
Dagegen ist kein Mensch immun.

Der Hahn bei uns, im Hühnerstall,
kräht laut, sogar mit Widerhall,
stolziert am Mist und liebt die Hennen.
Sie müssen seine Kraft erkennen.

Ein Mann sitzt in der Straßenbahn.
Nun setzt er sich noch näher ran,
an die schöne Frau von Gegenüber.
Nun schaut er keck zu ihr hinüber.

Er weiß noch nicht, was soll er fragen.
Was er möcht, kann er nicht sagen.
„ Verzeihung“, sagt er zu der Frau,
„heut geht der Föhn, ja ganz genau.“

So treibt der Föhn nun seinen Spaß.
Er kennt dabei kein Augenmaß.
Ob Mensch, ob Tier, ob Pflanze,
immer geht der Föhn aufs Ganze.

Der Kirschbaum treibt die Knospen aus.
Das sieht nun schon nach Frühling aus.
Zu früh, zu früh, noch viel zu früh!
Kirschbaum gib dir keine Müh.

Die Kälte kommt wohl ganz bestimmt.
Sie uns all die Triebe nimmt.
Beruhigung ist angesagt,
wenn nah und fern die Kälte tagt.

Doch heute geht ein warmer Wind,
den genieße ich noch voll, geschwind.
Was er bewirkt, was er auch treibt,
er doch mein liebstes Lüfterl bleibt.

Falsch beschrieben

Willig ist der Geist,
doch das Fleisch ist meistens schwach.
In der Bibel steht´s geschrieben,
dort drinnen schlag ich nach.

Diesen Spruch aus diesem Buche,
muss ich gleich vernichten.
Der stimmte damals nicht,
der stimmt auch heut mitnichten.

Ein starker Geist beherrscht das Fleisch,
das steht wie betoniert,
jedoch ein schwacher Geist
hat oft das Fleisch schon arg blamiert.

Was willig ist, zeigt Stärke,
in Taten und in Worten.
Das galt schon immer so.
auch heut noch allerorten.

Das Fleisch wird das verrichten,
was der Geist ihm anbefiehlt.
Der Geist mit der mentalen Stärke,
auf des Fleisches Schwäche zielt.

Das Fleisch ist immer Zweiter,
die Reihung ändert nicht.
Der Geist gibt erst die Richtung vor,
für den Körper ist das Pflicht.

Wer anderes behauptet, verdreht die Wirklichkeit.
Man hat das falsch beschrieben, in der guten alten Zeit.

Ich zweifle auch an anderen Schriften,
die Richtigkeit lässt bangen
in den gescheiten Büchern,
bei der Bibel angefangen.

So übe ich das Gegenteil,
erst denken, später glauben.
Meine Überzeugungskraft
kann auch die Bibel mir nicht rauben.

Den Geist lass ich ganz oben stehen,
der Körper ist ihm untertan.
Was ich auch lese, was ich höre,
ich glaub nicht an alles dran.

Extrawurst

Extrawürste mag ich gern,
weil Extrawürste sind modern.
Mein Nachbar hat ein neues Auto
mit super breiten Reifen.
Dass seines auch noch stärker ist,
das will ich nicht begreifen.

Mein Auto würd noch lange laufen,
doch will ich mir ein neues kaufen.
Nachbar sei du ja nicht bange,
ich kauf nicht eines von der Stange.
Nur superstark und mega geil,
wie aus purem Gold glänzt jedes Teil.

Die Walzen sind zwar streng verboten,
doch bin ich bereit sie auszuloten.
Die Karre, flach wie eine Flunder,
es passt unterhalb kein Frosch darunter.

Extras vorn und Extras hinten,
das wird der Nachbar nicht verwinden.

Ich fahr zwar nicht mehr jeden Tag,
weil ich nicht immer tanken mag.
Der Spritverbrauch ist mächtig hoch,
doch freut mich meine Karre noch.
Des Nachbars Weib ist hübsch und blond.
Sie läuft herum, figurbetont.

Was mach ich nur, was mach ich nur?
Das läuft mir gegen die Natur.
Ich wollt zwar lieber Single bleiben
und mit mir selbst die Zeit vertreiben.
Wie er prahlt und wie er geizt.
Wie sehr mich seine Alte reizt.

Was mach ich nur? Jetzt fällt´s mir ein:
Ich geh in den Single Club hinein.
Gleich werd ich fündig, sapperlot!
Die Maße toll, die Haare rot.

Des Nachbars Frau ist zweite Wahl.
Die meine ist so geil und drall.
Ist alles dran im Überfluss,
nur mir zur Freude, zum Genuss.

Was sie kost, will ich verschweigen,
ich will nur meinem Nachbar zeigen,
wer Extra ist und Extra hat.
Es steht auf einem andern Blatt
was nützlich ist und angenehm.
Ich will es Extra haben, nicht bequem.

Ich heb mich ab, so von der Masse.
Wie ich leb ist Extraklasse.
Zwar nicht logisch, auch nicht billig.
Ich bin den Extrawürsten willig.

Meine Arbeitsmoral

Wie ist die Arbeit mir so schwer,
nichts anderes ist sie, als Bescher.
Wenn´s nach mir ginge, meiner Seele,
ich schafft` sie ab, gleich auf der Stelle
.
Wem sie nützt, der soll sie machen.
Ich halt nicht viel von solchen Sachen.
Aller Orten lobt man sie,
doch ich setz sie gleich mit Blasphemie.

Wenn sie jemand mir diktiert,
bin ich zumindest irritiert,
um nicht zu sagen: aus dem Haus.
Der Arbeit wünsch ich den Garaus.

Ich bin ein Feind von Schweiß und Staub.
Wenn ich „Arbeit" höre, bin ich taub.
Soll ich womöglich mich bekleckern?
Auch wenn die andern Leute meckern,
ich rühr mich nicht von meinem Fleck.

Dass man mir droht, hat keinen Zweck,
weil die Arbeit ihre Sklaven mordet.
Hab ich durch Zufall sie geordet,
mach ich mich langsam aus dem Staub.
Nun hört ihr Leute, mit Verlaub,
würd schnell ich mich von dannen schleichen,
das wär der Arbeit schon ein Zeichen.

Zu Mittag steig ich aus dem Bett,
weil drinnen ist es gar so nett.
Was ich nun hör, soll ich erklärn?
Draußen tobt der Straßenlärm.

Die Leute hasten wie besessen,
ich aber sitz beim Frühstückessen
und lass mir Zeit bis kurz nach drei,
dann ist die Frühstückszeit vorbei.

Kurz nach fünf ist Zeit zur Jause,
anschließend eine kurze Pause.
Die Uhr nun kurz nach sieben steht,
schon schleich ich mich zurück ins Bett.
Jetzt ehrlich, sagt mal selbst, ihr Leute,
wann hatt´ ich Zeit zur Arbeit heute?

Des Menschen Weg

Das Menschenleben, eine Bürde,
das Älterwerden, eine Hürde.
Vom kleinsten Knirps zum alten Greis
schließt sicherlich, ganz schön der Kreis.

In diesem Kreis, der Lebensbahn,
da schmerzt nicht nur ein kranker Zahn,
Da sticht der Schmerz und fließen Tränen.
Auch Herzeleid ist zu erwähnen.

Freude, Trauer, Angst, Verlust,
nicht immer ist das Leben Lust.
Glück und Licht sind Seltenheit
während seiner Lebenszeit.

Viel öfter dringt die Not ins Haus,
dann hält sie drin den Festtagsschmaus.
Dazu kommt noch die Finsternis.
Die Zukunft ist ihm ungewiss.

So bringt das Leben ständig Frust,
nicht gewollt und unbewusst.
Er wünscht sich Wahrheit, Liebe, Licht,
doch das spielt das Leben meistens nicht.

Der Wunsch wird stärker in den Jahren.
Was hat er Unbill schon erfahren.
Er wünscht sich Blumen, Wärme, Sonnenschein.
Wie der Frühling soll das Leben sein.

Nicht immer bleibt der Mensch gleich jung,
sein hehres Ziel, die Läuterung.
Geläutert will er bis zum Ende
noch wandeln, bis zur großen Wende,
wo dann der Lichtstrahl durch den Tunnel bricht.
Dann hat er Wahrheit, Freude, Liebe, Licht.

Einst und jetzt

Die Nacht bricht an, die Schatten ziehen.
Die Sonnenstrahlen langsam fliehen.
Zur Winterzeit die Kälte knirscht.
Ein Wolf noch um die Ecke pirscht.

Nach Fressen sucht er vehement.
Die Nacht bricht an, die Zeit verrennt.
Sein Heulen dringt durch Mark und Pein,
gleich durch das Stubenfenster rein.

Zur Zeit des Kaisers, irgendwo,
das Haus bedeckt mit Roggenstroh,
der Kienspan knistert, wenn er brennt.
Wie langsam doch die Zeit verrennt.

Im kleinen Haus am Höhenrücken
gar arg die Leut die Sorgen drücken.
Der Robot ist die schwerste Last,
der ist die Pflicht, auch wenn´s nicht passt.

Weil ungerecht, zur falschen Zeit,
wenn am eigenen Feld die Schnitterzeit.
Der Gutsherr kennt da kein Erbarmen,
er holt den Sold sich bei den Armen.

Die Sorgen stehen groß im Haus.
Nichts bringt sie aus dem Haus hinaus.
Jahrein, jahraus, dieselben Plagen.
Den Unmut traut man sich nicht sagen.

Der Gutsherr ist ein strenger Mann,
der den Keuschlern nichts verzeihen kann.
Dann schlägt die Macht, in Gottes Namen,
das Hausgesind samt Hund zusammen.

„Oh Herrgott lass die Zeit sich wenden,
lass Knechtschaft und Gewalt bald enden."
So beten sie bei Tag, bei Nacht,
das hat sie windelweich gemacht.

So lebten sie jahraus, jahrein,
nur in das Morgenrot hinein.
Viel Zeit verfloss, die Menschen starben
und immer Menschen heut noch darben.

Wer was erreicht, macht die Musik,
auch wenn es geschah mit manchem Trick.
Die Nacht bricht an, die Schatten ziehen.
Der Wohlstand ist auch heut geliehen.

Tausend Reime1002

Nun hört mal her ihr Lieben,
ich hab tausend Reime aufgeschrieben.
Ich mach es nicht, weil ich es kann,
weil ihr sie lest, das regt mich an.

Das bringt mir Kraft, das bringt mir Muse.
Falls ihr verlangt, tu ich auch Buse
und schreibe keine Zeile mehr.
Doch Hand aufs Herz das fällt mir schwer.

Ich könnt nicht schlafen, könnt nicht ruhn,
dürft ich nicht solches weitertun.
Übt Nachsicht mit dem alten Mann,
der nichts mehr, außer Schreiben kann.

Lasst mir die Freude, insgeheim,
so schreib ich weiter meinen Reim.
Was ich begonnen, da bleib ich dran.
Die nächsten Tausend geh ich an.

Zwiespältig, die Natur

Die Frühlingsluft zieht durch die Lande,
der Lenz macht Herzen weich.
Der Don Juan mit seinem Wagen
spürt es im selbigen Bereich.

So fährt er hin, so fährt er her,
ist auf Aufriss programmiert.
Er hofft ganz im Geheimen,
dass noch heute was passiert.

Da steht die Maid am Straßenrand
mit dem Daumen in die Höh.
Die kommt ihm gerade richtig,
wie im Film die gute Fee.
Er bremst nun ab schnell seinen Schlitten,
sieht nur mehr in die eine Richtung,
zu Ihren Riesentitten.

Da rührt sich was im Unterholz,
ganz schwindlig wird ihm jetzt.
Für ihn tut sich der Himmel auf,
noch heut zu guter Letzt.
Nun springt er aus dem Wagen,
wie ein Jüngling ganz behende.
Voll Freude reibt er sich ganz
heimlich seine Hände.

Er trägt die holde Maid fast förmlich auf den Sitz.
Bei ihm spannt sich der Muskel an
und auch sein Hosenschlitz.
Erst macht er ganz auf Gentleman,
verkörpert die Kultur,
spricht nur von Honigbienchen
und Zuckerwatte nur.

Wie er so steht am Gaspedal,
steht auch so mancherlei.
Draußen vor dem Autofenster
fliegt nun die Welt vorbei.

„Wohin mit dir, du holde Maid,
wie kann ich dich verehren?“
Sie ist ja auch nicht taub und blind,
schnell merkt sie sein Begehren.
Ein Plätzchen findet sich im Wald,
die Vögel zwitschern leise.
Der Don Juan in seinem Schmalz
verfährt auf seine Weise.

Jetzt geht er ran an die Natur,
die so üppig vor ihm steht.
Wie er nun so die Hügel sieht,
sich die Erde vor ihm dreht.
Seine Hände sind auf Kundschaft aus,
sie wollen was ergründen.
Sie wollen für seine Männlichkeit
ein geeignet Örtchen finden.

Doch was er da erspäht, ergreift,
das bringt ihn aus der Ruh.
Schnell deckt er was er aufgedeckt
vorsichtig wieder zu.
Der alte Don Juan ist nicht gefasst,
was da nun ist passiert,
denn er ist sein Lebtag lang
auf rein Weibliches fixiert.

Die holde Fee hat zweierlei
das macht ihn ganz betroffen.
Wie soll er seine Wünsche äußern,
die Frage bleibt erst offen.
Die Situation ist jetzt verwirrend,
doch sicherlich und andererseits,
was sich nun ihm hier dargeboten,
das hat auch seinen Reiz.

Im Straßenstaub

Es stand ein Mann am Straßenrand,
den Daumen in die Höh.
Sein Zustand war bedenklich, kurz gesagt „Holadiöh".
Man hat ihn kurz zuvor aus der Kneipe sanft entfernt.
Das ist ihm schon mehrmals so ergangen,
er hat nichts daraus gelernt.

Es plagt ihn oft der große Durst,
der ist nicht zu ertränken.
Davon bleibt er unberührt,
auch wenn sich Frau und Kinder kränken.
Nun steht er da, pardon,
er steht nicht mehr, er schwankt.
Ein unsichtbares Etwas hat sich an ihm emporgerankt.

Das knebelt seine Beine, die ihren Stand verlieren.
Schon ist es auch so weit, er kriecht auf allen Vieren.
Der Straßenstaub ist ihm bekannt,
der kommt ihm jetzt entgegen.
Im selben Staub hat er erst vor kurzer Zeit gelegen.

Er lallt noch dies und jenes, etwas ist auch verständlich:
„Ihr könnt mich allemal, wo ich nicht kann,
so macht es mir doch endlich."
Jetzt wird die Stimme weinerlich: „Maria hilf mir auf.
Dass du mir die rote Karte zeigst,
nehm ich gern in Kauf."

Maria ist sein Weib, sie trägt ein schweres Los.
Ihr Mann ist sonst ein kleiner Mann,
doch im Saufen ist er groß.
Die Kinder sind ganz irritiert, was ihr Papa öfters treibt.
Dass er ein Versager ist, haben sie sich einverleibt.

Einmal drin im Straßenstaub
und er kommt nicht mehr heraus.
Da hilft ihm nicht sein Weib und Kind,
nicht mal sein eigenes Haus.
Die Sauferei ist sein Verhängnis, es ist die reinste Qual.
Er hat sich das so angewöhnt, jetzt säuft er zum Quartal.

Er nimmt sich was vom Haushaltsgeld,
was gar nicht ist vorhanden.
Damit kann er nun wieder mal
in seiner Lieblingskneipe landen.
Jetzt kriecht er dort im Straßenstaub,
jede Hilfe bleibt ihm fern.
Denn Stockbesoffene, ebenerdig,
die mag man nicht so gern.

Der Schutzmann ist die einzige Rettung,
der nimmt ihn am Schlafittchen.
Jetzt darf er über Nacht sein Bett beziehen,
drin im Gemeindekittchen.
Sein Leben ist nur Talfahrt, darin scheiterte er kläglich.
Sich zweimal monatlich besaufen,
macht sein Leben noch erträglich.

Krieg

Ich schaue in die Ferne und ahne dort den Krieg.
Wenn zwei sich gegenseitig töten,
wer trägt davon den Sieg?
Das Kriegsgetümmel hör ich nicht,
die Entfernung ist zu weit.
Doch bin ich informiert, über den Krieg, in letzter Zeit.

Ich höre nicht die Menschen schreien,
doch ich spüre ihren Schmerz.

Dass auch Kinder dabei sterben,
zerreißt mir schier das Herz.
Krieg ist Krieg, ist niemals gut,
auch wenn sich jeder glaubt im Recht.
Jene, die den Krieg erdulden müssen,
ergeht es immer schlecht.

Da hilft nur oft aus der Gefahr,
die Flucht mit Kind und Kegel.
Nichts ist wie es früher war,
Ausnahmezustand ist die Regel.
Den Feinden ausgeliefert, zerbombt,
zerstört das eigene Haus,
da hilft nur noch die Flucht,
in Wald und Feld hinaus.

Bei mir ist alles friedlich,
niemand spricht ein böses Wort.
Der Krieg von dem ich rede,
tobt an einem weit entfernten Ort.
Ich könnt mich auf den Rücken legen
und in die Sonne schauen.
Doch fühl ich mich nicht wohl dabei,
das sag ich im Vertrauen.

Ich weiß wie Krieg sich anfühlt,
obwohl ich ihn selber nicht erlebt.
Ich ahne, wie nach einem Bombeneinschlag
das Haus im Grund erbebt.
Ich höre schon die Mauern bersten,
die Decke stürzt gleich ein.
Ein jeder, der noch drinnen ist,
wird gleich begraben sein.

Ich hör das Zischen der Geschoße,
das Feuer seh ich auch.
Ich riech das Pulver und den Phosphor,
spür die Hitze und den Rauch.

Ich leb in meinem Heimatland, so lang ich denken kann.
An Krieg in meiner heilen Welt,
daran denk ich gar nicht dran.
Doch wenn ich in die Ferne schaue,
dann spür ich dort das Grauen.
Wie sie sich gegenseitig ihr Land zusammenhauen.

Ich hör nicht mal ein leises Brummen,
was dort alltäglich ist.
Ich weiß nicht, wie sie das Recht vertreten,
wie man es verschiedentlich dort misst.
Ich weiß nur, Krieg ist Krieg, ist entsetzlich und gemein.
In keinem von den Kriegen wird Gerechtigkeit je sein.

Ein schwarzer Mann

„Es geht ein schwarzer Mann herum…"
das war ein Auszählreim.
Das haben wir gespielt als Kinder,
bei uns am Berg daheim.
Schwarze Männer gibt es viele, ja, ja, die gibt es doch.
Eigentlich sind sie alltäglich, es gibt sie noch und noch.

Man sieht sie nicht, man hört sie nicht,
sie verstecken sich zu gerne.
Doch sind sie hinter jedem Busch,
nicht nur in weiter Ferne.
Schwarz ist ihre Fantasie, nicht die Kleidung unbedingt.
Sie ärgern uns tagtäglich, was mich zur Weißglut bringt.

Sie heften sich selbst Banner auf, wie eine Trikolore.
Sie haben sich weit überschätzt, sie sind nur Kontrollore.
Der eine kommt vom Arbeitsamt, der andere vom Bau.
Ein dritter treibt die Steuern ein,
sie halten sich für schlau.

Mich hat neulich so ein Typ auf seine Kamera gebannt.
Als ich ihn hab zu spät bemerkt,
hab ich ihn Sch…genannt.
Dass ich in seine Falle tappte,
das hat mich sehr gefuchst.
Er hat mir, für eine Spur zu schnell,
dreißig Euro abgeluchst.

So sind sie diese Typen, dem Staate sind sie treu.
Würd ich mich so ernähren, wer ich gleich arbeitsscheu.
Von den schwarzen Männern gibt es viele,
zu viel ist ungesund.
Nicht wenige davon agieren nur aus dem Untergrund.

Wie soll man sich nur schützen,
wie ihrer Macht entgehen?
Dagegen ist kein Kraut gewachsen,
das hab ich schon gesehen.
Man könnt sie ignorieren,
doch es schützt sie fest der Staat.
So tun, als wenn es sie nicht gäbe,
dann hätt man den Salat.

So einfach ist die Sache nicht,
wir sind schon festgenagelt.
Wir kuschen vor den schwarzen Männern,
weil es sonst Strafen hagelt.

Es gibt sie in der Hierarchie,
in den verschiedenen Stufen.
Wer fürchtet sich vorm schwarzen Mann?
„Niemand“ haben wir gerufen.
So einfach geht es heut nicht mehr,
wie damals bei dem Spiele.
Weil von den schwarzen Männern,
davon gibt es viel zu viele.

Das Hindernis

Was man nicht kennt, ist unbekannt,
im Heimatland, im fremden Land.
Jene die von außen kommen,
erscheinen fremd und stur.
Doch wie sie auch erscheinen, es hat den Anschein nur.

Mensch ist Mensch, wo sie auch immer werken.
Der Mensch ergibt ein ganzes Bild
mit Schwächen und mit Stärken.
Obwohl sie dort schon Meister, sind es nur Plagegeister.

Die Grenze ist ein Hindernis, für manchem unserer eins.
Er fühlt sich ungemütlich im Grunde seines Seins.
Die Sprache ist ein Hindernis,
da führt kein Weg hin weg.
Er will nicht neue Brücken bauen,
nicht mal den kleinsten Steg.

Der Glaube ist ein Hindernis, er ist zu weit entfernt.
Er ist nicht das was man gewohnheitsmäßig
seit Geburt hat angelernt.
Das Aussehn ist ein Hindernis, es passt nicht in das Bild,
denn allein die Mimik dessen,
erscheint ihm frech und wild.

Die Farbe ist ein Hindernis, wie soll es anders sein,
weil schwarze Farbe passt nicht,
in ein weißes Volk hinein.
Das Hindernis baut man sich selber,
das bringt der Fremde kaum.
Wie jeder dieses überwindet
diese Frage steht im Raum.

Börsencrash

Des Geldes Segen ist ein Fluch,
doch das steht in keinem Wörterbuch.
Immerhin und außerdem
ist Geld zu haben sehr bequem.
Du hast Aktien gekauft, die Rendite ist so groß.
Die Glücksfee war dir hold, du gewinnst daran famos.

Über Nacht kam ein Gewitter, die Währung stürzte ab.
Das war für manchen Banker, ein ungewolltes Grab.
Du bist nicht mehr liquid, zahlst nicht mehr in cash,
dich trifft der große Börsencrash.

Die Aktien sind im Keller, tiefer kann´s nicht gehen.
Du musst für dein Erspartes nun durch die Finger sehen.
Noch kurz zuvor im Nadelstreif,
vom Kopf bis Fuß gestriegelt.
Das Pendel zeigt nach unten,
dein Schicksal ist besiegelt.

Keinen Euro in der Tasche, kein Konto auf der Bank.
Das bringt die Seele zum Verzweifeln
und macht den Körper krank.
Die Aktien sind das Papier nicht wert,
auf das sie geschrieben sind.
Du bist ab nun genauso arm, wie einst als kleines Kind

Was mit dir geschehen ist, das sagst du niemals laut.
Du hast nichts mehr um dich herum,
als nur noch deine Haut.
Dir helfen keine Freunde, auch keine reiche Tante.
Du hast seit gestern früh, ein Minus auf der Kante.

Der Sinn steht dir nur mehr nach Ware,
die lebenswichtig ist
und dein Blick ist nun geschärft,
für das kleine, Unscheinbare,
weil du selber winzig bist.
So hat das Schicksal dich ereilt,
wie andere vor dir schon.
Für Ertrag, der nicht von der Hände Arbeit,
gebührt dir auch kein Lohn.

So ist es wieder hergestellt, das gerechte Gleichgewicht.
Auch wenn es dich getroffen hat,
verzweifle deshalb nicht.
Die Geldwirtschaft erholt sich wieder
und erfindet eine Masche.
Du profitierst dann auch davon und steigst heraus,
wie der Phönix aus der Asche.

Die Lobbyisten sind das Übel

Raus mit den Lobbyisten, macht sie nun endlich nieder.
Verbannt sie aus dem Wirkungskreis,
sonst kommen sie bald wieder.
Sobald sie wo Profite wittern, haben sie es eilig.
Sie machen vor nichts Halt und nichts ist ihnen heilig.

Ihr Engagement und Wirkungszeitraum
ist keinesfalls befristet.
Sie halten sich wie Kletten fest,
wenn sie mal eingenistet.
Ein Umstand ist, der mich so schreckt,
sie regieren uns schon indirekt.

Die Regierenden sind infiziert,
Grundwerte schon verletzt.
Gesetze hin und her gebogen und außer Kraft gesetzt.
„I am a Lobbyist“, ist ein bekanntes Wort.
Es wurde einst gesprochen, bei uns an einem Ort.

Der Sprecher ist dann aufgeflogen,
zum Glück, sag ich mal so.
Über diesen einen, bin ich noch lang nicht froh.
Berater sind sie offiziell, doch wer beratet wen und wie?
Wie die Beratung vor sich geht,
das weiß ich und du und er und sie.

Daumenschrauben für den Minister
und Knüppel für sein Knie.
Was er bei der Vereidigung geschworen,
das hält nur irgendwie.
Der Berater steht ihm stets zur Seite
und flüstert ihm ins Ohr.
Was im Interesse dessen ist, das geht nach außen vor.

So ein Minister hat es schwer, weil innerlich zerrissen.
Schon nach kurzer Zeit,
ist sein eigenes Ich zerschlissen.
Man sieht es ihm von weitem an,
wie er sich auch bemüht,
wie auf seinem Konto der Umsatz aufgeblüht.

Der Minister kann rein nichts dafür,
der Lobbyist ist daran schuld.
Der verfolgt ihn stets auf Schritt und Tritt,
mit seiner Ungeduld.
Schmeißt sie raus, so mein Appell,
möglichst heute, möglichst schnell.

Mein Wunsch ist eine Seifenblase,
ist nur ein Hirngespinst.
Daran wird sich kaum was ändern,
zu sehr lockt der Zuverdienst.

Die Prüfung nicht bestanden

Gerecht gewogen, doch zu leicht.
Für das Finale nicht gereicht.
Als Kind stand einst Maß und Gewicht,
zur Körpergröße, zum Gesicht.
Doch nichts gemacht und nichts erreicht,
er einem leeren Bottich gleicht.

Zu groß für das was drinnen ist.
Er hält nicht ein, nur eine Frist.
Nicht gebaut an sich mit Stein um Stein
und doch wollte er der Größte sein.
Statt aus Stein ein stolzes Haus,
wurde die Ruine draus.

Die Ruine steht nun leer im Raum.
Daran könnte er nun weiterbau´n.
Er bessert aus, bald brav und fest,
gleich darauf er es schon lässt.
Das Haus stürzt nebenbei schon ein.
Er kommt nicht bei der Tür hinein.

Was er einst hatte angestrebt,
das hat er längst auf Eis gelegt.
Die Zukunft ist Vergangenheit.
Nichts ändert sich an seiner Zeit.
Die Pläne sind nur Schall und Rauch,
nur ein Gestrüpp sein Rosenstrauch.

Der Tagesablauf ohne Ziel.
Der Einfluss ändert viel zu viel.
Was morgens gut begonnen,
ist zu Mittag schon zerronnen.
Ist weiterhin ein Hindernis,
bei Nacht und Finsternis.

So gehn die Tage, gehn die Wochen.
Die Zeit ist fortgekrochen.
Die Kraft lässt nach, die Gesundheit auch.
Was angewöhnt, ist jetzt schon Brauch.
Am Ende doch zu leicht gewogen.
Er hat sich selbst betrogen.

Ein Zeugnis wurde ausgestellt,
wie bei jeder Prüfung auf der Welt:
„Die Prüfung nicht bestanden,
da der Wille nicht vorhanden."

Europa in Not

Europa ist ein Ruderboot.
Ruderboot in großer Not.
Kein Gleichklang bei den Schlägen,
wie die Meldungen belegen.
Kein Steuermann ist mehr an Bord,
der führen könnt, mit starkem Wort.

Zu schwer beladen der Kolos
und alle schreien sie drauf los.
Anstatt die Schlagzahl einzuhalten
will jeder selbst gestalten.
Nicht Einigkeit, kein gutes Wort.
Einer ging schon über Bord.

Der eine hält das Ruderblatt,
weil er zu faul, weil er zu satt,
nur lose in den Händen.
Wie soll die Fahrt so enden?
Ein zweiter rudert gar verkehrt,
damit er böses Blut beschert.

Die See ist rau, die Wellen hoch,
doch die im Boot, sie träumen noch.
Da träumt so mancher einen Traum,
vom besten, größten Wirtschaftsraum.
Ein Ziel ist noch nicht angepeilt,
weil man sich nicht genug beeilt.

Das Boot Europa ist behäbig,
die Moral darinnen ziemlich schäbig.
Der Sturm weht zwischenzeitlich forsch.
Im Boot, die Planken sind schon morsch.
Auf dem Meer treibt nur ein alter Kahn,
der kaum noch vorwärts kommen kann.

Die Mannschaft ist die schwerste Last.
Die hat das Boot selbst ausgefasst.
Sie ist zu wenig aussortiert,
deshalb es auf den Wellen irrt.
Ein Teil der Mannschaft ist so keck
und schlägt dem eigenen Boot ein Leck.

So wird es tun, was andere taten,
die auch die falsche Mannschaft hatten.
Durch das Leck wird Wasser laufen,
die Mannschaft drinnen wird ersaufen.
Die Geschichte wird der Menschheit künden:
„Europa liegt auf Meeresgründen."

Des Teufels Unterhalt

Der Teufel lacht im Hintergrund.
Er ist wohlauf und ist gesund.
Bei so viel Schlechtigkeit auf Erden,
wie soll er da noch kränklich werden?

Des Teufels Nahrung ist die Gier.
Der Mensch sorgt täglich neu dafür.
Was der eine hat, will der andere mehr.
Das freut den Teufel immer sehr.
Er wird von neuem aufgeweckt
und sein Tisch ist immer reich gedeckt.

Des Teufels Nahrung ist der Zank.
Ehrlichkeit wirkt wie Gestank
auf des Teufels Seelenleben.
Nach Zank die Menschen streben.

Ziehen zwei an einem Strang,
dem einen leidet es nicht lang.
So geht das Ziehen hin und her.
Das freut den Teufel immer sehr.

Des Teufels Nahrung ist der Streit.
Der Mensch ist immerzu bereit,
zu streiten und zu zanken.
Das bringt die Welt ins Wanken.

Der Teufel lacht im Hintergrund,
er ist wohlauf und ist gesund.
Sitzt der Teufel frech am Tisch,
der Mensch besorgt die Nahrung frisch.

Des Teufels Nahrung ist der Krieg.
Der Teufel feiert seinen Sieg.
Nicht einer von den Kontrahenten
wird den Krieg mit einem Sieg beenden.

Der Krieg bringt ihm die reifste Frucht.
Das Beste hat er ausgesucht.
Wie Fallobst liegt sie ausgebreitet,
so lange Mensch mit Mensch sich streitet.

Der Hader ist des Teufels Brot.
Sich selber bringt der Mensch in Not.
Der Teufel betet: „ Gott sei Dank,
der Mensch besorgt mir Speis und Trank."

Im Zweifel

Des Nachts geh ich durch leere Gassen
und fühle mich von Gott verlassen.
Dass ich so fühle, ich kann nichts dafür,
weil Gott war lang schon nicht mehr hier.

Was heute möglich ist, geht ohne Gott.
Ich kann mir selber helfen, auch in der größten Not.
Ich muss nicht mehr die Kurbel drehen,
dazu hab ich den Motor.
Gott ist dabei wohl überflüssig,
so kommt es mir schon vor.

Falls mir die Nacht zu finster wird,
wart ich den Tag nicht ab.
Ich muss nicht Gott um Licht erst bitten,
weil ich es schneller hab.
Ein kurzer Klick, es werde Licht
und zwar überall zugleich.
Wo gibt es Gleiches in der Helle?
Vielleicht im Himmelreich.

Neue Bauten sind entstanden, fünfzig Stockwerk hoch.
Der Mensch bringt vielerlei zu Wege,
zu was braucht man Gott denn noch?
Wenn ich den Kontinent verlassen will,
steig ich in den Flieger.
Ich hab die Schwerkraft überwunden
und bin der wahre Sieger.

Sollt ich mal krank da nieder liegen,
so nützt nicht mein Gebet.
Da hilft der Arzt im Krankenhaus,
mit dem richtigen Gerät.
Wenn ich mal gestorben bin,
begräbt man mich mit Ehre.
Ob Gott mir dann begegnen wird,
ich glaub, das ist Schimäre.

So denk ich über Gott und mich
und Zweifel kommen hoch.
Wenn ich die Natur betrachte,
gibt es ihn womöglich doch.
Ob es Gott nun wirklich gibt, ob er dort ist oder hier.
Falls ich mich entscheiden soll, entscheid ich mich dafür.

Brüsseler Normen

Was ist Brüssel angenehm, was ist EU gerechte Norm?
Es muss die Farbe stimmen,
vornehmlich auch die Form.
Wer bestimmt die Normen? Der Bürger hat die Ängste.
Es handeln da willkürlich,
wahrscheinlich Schreibtischhengste.

Was Gurkenkrümmung anbelangt,
sind sie wohl Experten.
Was die Kartoffel samt der Schale wiegt,
müssen sie bewerten.
Bei Tomaten, Zwiebel, Paprika, gilt dasselbe Maß.
Was von diesen Normen abweicht,
gehört dem Schwein zum Fraß.

Andererseits ist Schweinefutter
zumindest auch genormt.
Die Körnchen und die Stäubchen
womöglich gleich geformt.
So ist das ganze Rechtsgefüge, in Brüssel ein Bankrott.
Der Bauer, der das schlucken muss,
hat damit seine Not.

Da kommt so manches Nahrungsmittel,
von drüben, übers Meer.
Gilt auch dort dieselbe Krümmung?
Mich wundert gar nichts mehr.
Mächtig aufgeblasen ist sie, die Brüsseler Bürokraterie.
Was dem kleinen Landwirt nützt, das findet man dort nie.

Agrarfabriken und Großkonzerne finden dort Gehör.
So manchen Bürger hör ich seufzen:
„Ach wenn man draußen wär.“

Mich wundert diese dicke Haut, die sie zu Markte tragen.
Wie das einmal enden wird, will ich gar nicht fragen.

Was Sache ist und jedem nützt,
das wird nicht angegangen.
Diese Brüsseler Gilde ist im Machtrausch drin gefangen.
Verordnungen und Normen schlucken,
der Bürger ist so bieder.
Dass man einfach drüber fährt,
das ist mir schier zuwider.

In Brüssel sitzt die EU Behörde,
braucht man sie denn noch?
Für das was sie uns täglich bringt,
dafür ist der Preis zu hoch.

Vom Gedankensprung zum Tathergang

Sobald der Monatserste ist, treibt ihn schier die Gier.
Da ist er ein Getriebener und ist zur Monatsmitte stier.
Kaum reicht sein Gerstel aus,
um die Notzeit zu beenden.
Das Geld schmilzt förmlich weg, in seinen losen Händen.

Was er verdient, das ist nicht viel,
zum Leben wär`s genug.
Doch er lebt auf großem Fuß, übt an sich selbst Betrug.
Der Wagen wird nur an gestartet,
wenn Benzin genug vorhanden.
Dass er ihn so nicht nützen kann,
hat er noch nicht verstanden.

Kaum ist sein Lohn am Monatsanfang
auf seinem Konto drauf,
da geht er erst mal zünftig speisen
und setzt noch einen drauf.
Die Freunde werden eingeladen,
denn was sein muss, das muss sein.
So mancher Schwerenöter stellt sich bei ihm ein

Dass man Freunde zu sich lädt, das nun in allen Ehren.
Dass sie kräftig konsumieren, kann er nicht verwehren.
So fängt der Teufelskreis an zu rotieren,
bei solch nächtlichen Gelagen.
„Wer mag, wer will noch mehr“
muss er noch höflich fragen.

Am nächsten Morgen Katzenjammer,
ein Jammer ist sein Geld,
weil was zum Leben nötig wäre,
es schon beträchtlich fehlt.
Die alten Schulden warten noch,
geduldig sind sie immer.
Doch was die Geldverleiher anbelangt,
das ist um vieles schlimmer.

Die fackeln nicht mit ein paar Hieben,
sie sind nicht zimperlich.
Dass er davon Besuch erhält, ist ziemlich sicherlich.
So geht es fast schon Jahr und Tag,
das Loch wird immer größer.
Da hat er keine Hoffnung mehr,
kaum jemals wird es besser,

Was die Tage bringen werden, das ist nicht angenehm.
Es funktioniert nicht richtig,
sein Loch auf, Loch zu System.
An sich selbst Bilanz zu ziehen,
das wär nun seine Pflicht.
Doch wie er das wohl anfängt,
das weiß er heut noch nicht.

Wieder kommt die Monatsmitte,
ab da gähnt ein tiefes Loch.
Er hat zwar keine Euro mehr, doch feiern will er doch.
Nun quält ihn nur noch ein Gedanke,
von wo kommt genügend her?
Ein kleiner Einbruch oder Raub,
das ist doch gar nicht schwer.

Vom Gedankensprung zum Tathergang
ist es nicht mehr weit.
Das beschert ihn ganz bestimmt
den Knast, noch lange Zeit

Mangel an Beweisen

Freigesprochen, die Akten abgelegt.
Verbrechen, das die Welt bewegt.
Beweise sind meist Mangelware,
nicht greifbar über viele Jahre.

Wenn doch sie aufgefunden,
sind sie über Nacht verschwunden.
Ob Folter einer Diktatur,
ob Tötung aus Versehen nur,
Beweis, Beweis, Beweis,
verdrängt um jeden Preis.

Das Opfer muss beweisen,
es ist zum Herzzerreißen.
Ein Beweis ist sehr fragil
und er beweist nicht all zu viel.

Wo die Macht ist, steht das Recht.
Für die Opfer ist das schlecht.
Das Opfer ist der Unterdrückte,
für die Machtelite der Verrückte.

Wunden sind noch kein Beweis,
sind womöglich nur Verschleiß.
Wer heilt die Wunden in den Seelen,
nach martern, foltern, quälen?

Der Beweis ist zu erbringen.
Es ist zum Händeringen.
Wie groß auch ist die Seelenqual,
das Opfer ist stets zweite Wahl.

Schwerverbrecher, Diktatoren,
die Beweise sind verloren,
verschwunden, nicht mehr existent.
Wie schnell die Zeit verrennt.

Beweis erbringen hinterher,
ist für die Opfer allzu schwer.
Gras ist gewachsen über Stein.
Wo wird er wohl begraben sein?

Das Opfer unter Schnee und Eis.
Wer bringt da den Beweis?
Das Opfer unter Wüstensand,
im heißen Sand es niemand fand.

Die Opfer sind am Grund im Meer.
Bringt uns Beweise, bitte sehr!

Ich muss immer den Beweis erbringen,
ob Name und Geschlecht auch stimmen,
ob ich derselbe bin, wie in meinem Pass darin.

Doch Beweise für die Missetat,
die man an mir verbrochen hat,
für die muss ich Beweise bringen?
Es ist zum Händeringen!

Ich hab nur Fragen

Ich hab meine eigene Sicht der Dinge
und wie ich sie euch rüberbringe.
Was mich berührt, was für mich zählt,
das sind die Themen: Gott und Welt.

Das eine ist ganz unerreicht,
dass andere einem Chaos gleicht.
Weil Gott so ferne ist von mir,
interessier ich mich dafür.

Wie passt er in die Ordnung rein?
Wie kann er unser Schöpfer sein?
Wo fängt er an, wo hört er auf?
Nur Fragen habe ich, zu Hauf.

Ist er ungerecht womöglich?
Schaut er herunter täglich?
Warum greift er auf der Welt nicht ein?
Wann wird die Geduld zu Ende sein?

Wie sieht er aus, oder auch sie?
Kein Bild von ihm, nur irgendwie.
Ich seh ihn nicht, ich hör ihn nicht.
Er hält es nicht, was er verspricht.

Wann ist der Tag der Tage?
Wann der letzte, meine Frage?
Ab wann sind alle Seelen gleich?
Ab wann beginnt das Himmelreich?

Die uns versprochene Ewigkeit?
Bleibt mir bis da genügend Zeit?
Die Antwort muss ich schuldig bleiben.
Mit Fragen nur die Zeit vertreiben.

Was Gott betrifft, gibt es nur Fragen.
Nicht anders ist´s an Erdentagen.
Vom Morgen bis zum Abend hin,
verspricht man uns den Neubeginn.

Wann gilt für alle gleiches Recht?
Wann kann jeder tun, das was er möcht?
Der Tag bringt mir nur Zwänge,
in der Gesetzesenge.

Ob Frieden oder Krieg, ob Untergang, ob Sieg.
Alles ist nur hausgemacht.
Die Feuer sind schon angefacht.
An der Not in vielen Ländern,
kann ich daran nichts ändern.

So ist die Welt zwar Realität,
doch für mich ist sie Utopie.
Gott ist zwar noch unerforscht,
doch ich begreif ihn irgendwie.

Falsch verbunden

Ich bin bedrückt, es haut mich nieder.
Ganz zerschlagen bin ich wieder.
Schreckliches hab ich gehört,
was auf mich trifft, was mich zerstört.

Die Menschen sind ein Eckel.
Man findet keinen Deckel
für Pulvertopf und Waffenschrank.
Dieser Irrsinn macht mich krank.

Die Leichen zählt man heute nicht.
Die fallen kaum mehr ins Gewicht.
Nur Interessens Management.
Der Mensch hat sich verrennt.

Frieden ist nur Ironie.
Wie am Schachbrett stehen sie,
die man zum Opfer gibt.
Selbstmörder sind da sehr beliebt.

Mit Hurra nur in den Tod hinein.
Märtyrer wollen alle sein.
Was hinten bleibt ist Anarchie.
das regelt sich schon irgendwie.

Kollateral nennt man das heut.
Man zählt nicht mehr die toten Leut.
Strategisch geht man meistens vor
und der andere die Rache schwor.

Das Karussell läuft nun allein,
denn alle wollen selig sein.

Vor nichts und niemand macht man Halt.
Das täglich Brot ist die Gewalt
und wie die Butter obendrein,
können nur die Toten sein.

Das Schrecken sucht das Gleichgewicht.
Nur einer kann es alleine nicht.
Ein Auto her und Pulver rein,
der Vergeltung nur zum Schein.

Den Gürtel um und einen Druck
ein lauter Knall und dann Horuck.
So geht es nun schon Tag und Jahr,
noch nie dazwischen Ruhe war.

Fangt ein das böse Ungeheuer.
Ein Menschenleben ist zu teuer.
Jeder hat nur eins davon.
Für Selbstmord gibt´s nicht Himmelslohn.
Das sag ich unumwunden:
„Da seid ihr falsch verbunden.“

Der Herbst des Lebens

Der Herbst des Lebens kommt für jeden,
in Sprüngen kommt er gleich daher.
Was einmal selbstverständlich war,
das geht nun sichtlich schwer.
Die Blätter fallen langsam ab,
die Frucht wird runzelig.
Es ist schwer nun abzuschätzen,
ob er Verlust bringt oder Sieg.

Verlust auf jeden Fall an Lebenszeit,
das Ende kommt schon näher.
An Wissen wird man reicher,
der Label steigt noch höher.
Wer den Herbst des Lebens noch genießt,
der hat den Sinn erkannt.
Jemandem, dem dies versagt,
der hat sich wo verrannt.

Zwei Menschen unterm Apfelbaum,
an Leib und Seele reif.
Es schmerzt schon manches Zipperlein,
die Glieder sind schon steif.
Oberhalb die reifen Äpfel, unterhalb das reife Paar.
Der Apfel hat nur kurz gebraucht,
die beiden manches Jahr.

Sie sind sich noch immer zugetan,
ihr Herz brennt lichterloh.
Dass sie sich beide haben, darüber sind sie froh.
Hand in Hand dort auf der Bank,
ein Wort bedarf es nicht.
Falls doch ein Wörtchen angedacht,
dann ist es einfach schlicht.

Das Wörtchen klingt so wie ein Hauch,
es heißt nur einfach „Du."
Es klingt vertraut den beiden,
jetzt genießen sie die Ruh.
„Du und du" mehr braucht es nicht,
wenn die Ernte eingefahren.
Daran vielleicht mit Wehmut denken,
als sie noch jünger waren.

Ein „Du" gehaucht, im Herbst des Lebens,
es reicht für zwei die lieben.
Jetzt denken beide kurz mal nach,
wo ist die Zeit geblieben.
Vergangen Kinderzeit und Jugendzeit
wie frischer Apfelmost.
Auch Schaffenszeit und Reifezeit haben sie verkost.

Nun ist der Herbst des Lebens da,
so schwer wie süßer Wein.
Vergessen und verschwommen sind,
Arbeit, Not und Pein.
Die Hände frei, im Kopf gesund,
dann ist zum Jauchzen noch ein Grund.

Auch wenn der Jauchzer leise klingt,
er kommt direkt vom Herzen.
Der Herbst bringt tiefe Innigkeit,
es ist nicht Zeit zum Scherzen,
denn nach dem Herbst kommt Winterzeit,
für die beiden schon das Ende.
Sie wissen darüber schon Bescheid
und halten sich die Hände.

Der eine sagt zum anderen,
noch ein vertrautes „Du".
Nach dem Herbst kommt Winterzeit,
für die zwei, die ewige Ruh.

Polentour 2016

Wir ziehen uns dezent zurück,
blos eine Weile nur.
Vom Schreiben halten wir kurz inne,
denn wir sind auf Polentour.

Zwei Wochen wird die Spanne sein,
in der wir uns bewegen.
Ein wenig Fett verbrennen,
daran ist uns gelegen.

Auch Polens frische Luft genießen
und das Leben aus der Tasche.
Wir ernähren uns derweilen nur,
aus Pappkarton und Flasche.

Das Fahrrad ist der Untersatz,
auf dem wir hurtig reisen.
Auch wollen wir beiden Alten
es den Jungen noch beweisen.

Gefahren gibt es genug am Weg,
davon gibt es immer mehr.
Dass unser Engel uns begleitet,
darauf hoffen wir doch sehr.

Haltet eure Ohren steif
und vergesst uns blos nicht ganz.
Das erhoffen wir uns beide,
die Grete und der Hans.

Eindrücke eines Radfahrers in Polen

In Polen ist in mir ein Bild geboren,
das in meinem Land schon längst verloren.
Ich sah Uroma, Oma, Mutter, Kind,
die in einem Haus beisammen sind.

Die Zeit am Land läuft längst verkehrt,
gleich schnell der Traktor, wie das Pferd.
Beide sind sie guter Dinge,
obwohl schon längst im Ausgedinge.

Was heut nicht geht, kommt morgen dran.
so denkt am Land, Kind, Frau und Mann.
Auf den Feldern wächst, was Gott so will.
Nicht größer, höher ist das Ziel.

Aus den Kirchen quillt der Lobgesang,
alles Volk beim Kirchengang.
So weit, so gut, halt fest die Zeit,
doch längst ist sie Vergangenheit.

Am Land so manches alte Haus,
schaut traurig in die Zukunft raus.
Die Jungen fort, die Alten tot,
nie sah es vorher solche Not.

Die Natur holt sich nun Stück für Stück,
was der Mensch einst schuf, für sich zurück.
War einerseits ich hoch erfreut,
so sah ich auch die neue Zeit.
Im selben Haus Urahn und Kind
und Häuser die verlassen sind.

Mit dem Fahrrad war ich unterwegs,
war oberflächlich keineswegs.
Sah in Gesichter voller Falten,
sah Zufriedenheit noch bei den Alten.

Auch Verwunderung in mancher Weise:
Warum ich mit dem Fahrrad reise?
Im Dorf traf ich auch Harmonie,
andererseits Melancholie.

Die Geschwindigkeit: gemach, gemach
und Haus und Hof schon ohne Dach.
Hier streikt schon meine Fantasie.
Das Bauernvolk schafft solches nie.

Die Zeit läuft viel zu schnell,
so hat man mir beteuert,
weil das Volk noch heftig strampelt
und Brüssel gegen steuert.
Die Sicht im Dorf ist eingeschränkt,
weil nichts so läuft, wie Brüssel denkt.

Das Dorf am Land kommt kaum noch mit.
Man hält dort nicht mit Brüssel Schritt.
Doch was ganz unnütz ist, das dort beweist,
ein Mensch der mit dem Fahrrad reist.

Warschau per Fahrrad

Gestern noch in Bauerndörfern,
heute schlägt mich Warschau nieder.
Schon dreimal war ich mit dem Fahrrad hier,
die Stadt schafft mich auch diesmal wieder.

Im selben Land, dasselbe Volk,
zu groß ist da die Diskrepanz.
Wieviel Zeit wird noch vergehen,
bis hier der Reigen ganz?

Warschau, Warschau über alles,
die Stadt zieht mich so an.
In vielen war ich unterwegs,
doch keine es so kann.

Ich bin ein Fremder hier,
weil kein Polnisch ich verstehe,
doch wird das Herz mir weit,
wenn ich die Altstadt sehe.

In die Großstadt mit dem Fahrrad reisen,
ist Abenteuer pur.
Per Pedes in der Großstadt,
bin ich der Schwächste nur.

Den Antrieb leisten meine Beine
und zwei und zwei ist vier.
So denke ich auf unseren Touren,
auch die Grete hinter mir.

Weltjugendtreffen in Krakau

In Krakau traf die Jugend sich,
weil ein Fest zusammen schweißt.
Auch meine Frau und ich, sind dahin schon angereist.
Wir sind zwar nicht mehr jugendlich,
doch fühlen wir noch so.
Dass wir uns durchgerungen, darüber sind wir froh.

900 km war unser Weg dorthin,
das kostet manchen Schweiß.
Für das was wir dort miterlebt,
ist nicht zu hoch der Preis.
Mit dem Fahrrad sind wir angereist,
weil sonst der Weg zu leicht,
doch nach dem achten Tag, hat es uns schon gereicht.

Was Mühe macht, ist doppelt gut, das ist mein Plädoyer.
So hab ich es gehalten, wie heute, eh und je.
Alles hat den Anbeginn, auch alles ein Finale.
So ist es auch bei anderen Festen,
bestimmt in diesem Falle.
Jetzt tut es gut mal auszuruhn,
doch nichts ist so schlecht, wie nichts zu tun.

Alte Freunde

Alte Freunde sind wie Brücken, die Zeiten überspannen.
Was gewesen, ist vorbei, die Zeiten sind von dannen.
Über Brücken kannst du wandern, zum Ufer jener Zeit,
die der Sorge dich entbindet, vom Heute dich befreit.

In alte Zeiten kannst du flüchten,
wenn dich der Alltag schlägt.
Dann bist du angekommen,
wo der alte Freund dich trägt.
Alte Freunde sind wie Wein, der in Eichenfässern reift.
Der bei mancherlei Verkostung viel Lorbeer eingestreift.

Genies die alten Freunde, dazu den alten Wein,
dann kannst von Müh und Trübsal
eine Zeitlang dich befrein.

Über Brücken in die Zeiten,
wo alte Freunde dir noch hold.
Das ist dir weitaus nützlicher, als eine Handvoll Gold.

Der Weisheit Schluss

Es spielt der Wind mit meinen Haaren,
viel seltener als noch vor Jahren.
Auf meinem Kopf seh ich sie weichen,
das empfinde ich als schlechtes Zeichen.

Die Haare dünn, die Jahre fort,
vergessen schon so manchen Ort,
so manche Bank, so manchen Baum,
wo ich geträumt, den Jugendtraum.

Heut gibt der Wind mir Kunde,
dass alles kommt und alles geht.
So wie ein Blatt vom Baum,
auch der Traum im Wind verweht.

Dem Wind lass ich sein Werk vollenden,
er soll machen was er muss.
Man kann daran nichts ändern,
das ist der Weisheit Schluss.

Auf einer Bank in Polen

Im fremden Land sitz ich versonnen,
auf einer Bank im Park.
Ich kann es nicht beschreiben,
der Eindruck ist zu stark.

Rund um mich die Menschen,
sie sind aus Fleisch und Blut.
Der eine ist in Ordnung, ein anderer nicht so gut.

Wörter klingen an mein Ohr,
wie Flocken durch den Wind.
Ich kann sie nicht verstehen,
sind nicht für mich bestimmt.
Ihr Ton sagt mir die Stimmung an,
wie jener Mensch sich fühlt.
Der eine spricht ganz langsam,
der andere aufgewühlt.

Muss nicht verstehen, muss nicht sehen.
es genügt der Worte Schall.
Ob Verzweiflung oder Freude,
das merk ich allzu mal.
Wer die Sprachen hat erfunden,
den kann ich mir nicht denken.
Es würde schon genügen,
sich auf Laute zu beschränken.

Den Worten Klang hier nachzuahmen,
versuch ich nicht einmal.
Ich muss sie nicht verstehen,
es genügt mir schon ihr Schall.

Rückblick mit Wehmut

Seit 10 Jahren bin ich unterwegs,
wie es Zeit und Geld erlaubt.
Nicht mit dem Wohnmobil, dem PKW,
wie so mancher glaubt.

Am Fahrradsattel ist mein Platz,
obwohl voll Mühen und mit Schmerzen.
Leistung ist nicht kostenlos,
das nahm ich mir zu Herzen.

Europa hab ich abgesteckt,
von Nord nach Süd, von Ost nach West.
Obwohl die meisten Länder schon durchquert,
bleibt noch ein großer Rest.

Der Rest wird Rest wohl bleiben,
meine Zeit macht nicht mehr mit.
Es macht schon ziemlich Mühe,
am Rad der schnelle Tritt.
60 000 km mach ich noch heuer voll,
100 000 unerreicht, ist ein zu hohes Soll.

Mein Apell geht an die Jungen,
lasst nicht die Zeit verstreichen.
Wer sich ein Ziel hat festgelegt,
der kann es auch erreichen.

Ihr sollt nicht die Zeit versäumen,
sie läuft zu schnell davon.
Die Zeit ist unerbittlich,
sie kennt da kein Pardon.

Das Fahrrad ist nicht angenehm,
da geb ich jedem Recht.
An manchen Tagen, geb ich zu,
ging es mir richtig schlecht.
Doch was ich aus dem Fahrradsattel sah,

hätt ich sonst nicht gesehen.
Mit niemand würd ich tauschen
und in jede Wette gehen.

Meine Frau hat mich auch oft begleitet,
sie tat es bravourös.
Oft ist es ihr nicht leichtgefallen,
sie wurde niemals bös.

Zu zweit zählt nur Gemeinschaft,
allein nur meine Kraft.
Am Abend sah ich auf den Tacho:
Was hab ich heut geschafft?

Zu zweit zählt nicht die Strecke,
es zählt nur das ob und wie.
Für die Leistung ist der Maßstab,
die verbliebene Harmonie.

Ein bisschen Wehmut lass ich spüren,
zu viel Zeit hab ich vertan.
Meine Wünsche für die Zukunft,
stell ich nun hinten an.

An die Jungen möchte ich mahnen,
ihr habt die Welt gepachtet,
doch wie es den Anschein hat,
wird nicht darauf geachtet.

Reißt die Berge nieder,
hebt die Welt aus ihrem Lot.
Die Zeit läuft ab im Sauseschritt,

zu schnell kommt dann der Tod.
Die alten Knochen werden müde,
verloren geht der Spaß.
Die Kräfte schwinden allzu schnell,
zu groß der Aderlass.

Das Alter holt sich seine Rechte,
unerbittlich klopft es an.
Was bei Zeiten ich nicht hab geschafft,
bleibt leider ungetan.

Zehn Jahre schau ich jetzt zurück
und versöhnlich ist mein Blick.
Zehn Jahre war ich unterwegs,
mein Begleiter war das Glück.

Irrsinn

Die Welt erstarrt im Waffenglanz.
Der Mensch betäubt von Ignoranz.
Ein Panzer da, ein Panzer dort.
Die halbe Welt ein Krisenort.

Gezündelt wird im hohen Haus,
sonst geht das Feuer zeitlich aus.
Der Mensch als Individuum
ist Befehlsempfänger, meistens dumm.

Weil ferngesteuert, ferngelenkt,
er selbst nicht handelt, selbst nicht denkt.
Die Meinung wird ihm vorgegeben.
Er will nicht nach den Werten streben.

Er ist ein Rädchen im Getriebe
und läuft nur mit in dem Geschiebe.
Nützt nicht den eigenen Verstand.
Die Fahnen hoch fürs Vaterland.

Egal, was Medien berichten:
„Die werden es schon richten“
Man lässt sie richten wie sie wollen
und jene schöpfen aus dem Vollen.

Weil niemand da ist, der sich wehrt,
läuft der Karren längst verkehrt.
Was die Medien uns berichten,
dient der Wahrheit wohl mitnichten.

Uns wird vorgegaukelt allerhand.
Die Täter bleiben unerkannt.
Mit Gewalt will man Gewalt bezwingen.
So wird das Werk wohl nie gelingen.

Die, die Waffen liefern, leben fein,
die Lobbyisten obendrein.
Ein Feindbild braucht man stets fürwahr.
Die Friedensbringer werden rar.

Nobelpreisträger führen Krieg.
Vergeblich hoffen sie auf Sieg.
Einst zog man sich die Feinde groß.
Man hat sich halt verrechnet blos.

Die einst protegiert und unbekannt
sind gut bewaffnet, gut bemannt.
Sind ausstaffiert, Länge mal Breite,
leider auf der falschen Seite.

Sie sterben gern den Heldentod.
Der Nobelpreisträger fleht zu Gott,
dass Allah eine Einsicht kennt.
Er seinen Gott den rechten nennt,
zu dem der Feind sich bald bekehre.
Der ganze Stoff klingt wie Schimäre.

Ist wie ein Possenstück, ein mieses.
Ich betrachte jenes oder dieses,
ob Moslem oder guter Christ,
wer mit den Maßen anderer misst.

Wer Kampf als rechtes Mittel nennt,
der wohl den wahren Sinn verkennt.
Nobelpreisträger, Terrorist, grausam sind sie beide.
Das Schwert schnell aus der Scheide.

Die Welt wird nicht zur Ruhe kommen.
Nicht mit den „Guten“ mit den „Frommen“.
Der Mensch bleibt bös, unmenschlich kalt,
solang er Gewalt nur mit Gewalt bezahlt.

Small is beauty

Klein ist beauty, klein ist cool,
klein ist daher beautyful.
Was klein ist, muss nicht nichtig sein,
ist größer meistens als der Schein.
Was klein ist, ist nicht größer,
jedoch einzeln ging es besser.

San Marino nenn ich insgeheim.
Andorra wird nicht größer sein.

Lichtenstein hat seinen Reiz.
Ein gutes Beispiel ist die Schweiz.

Die EU ist eine Völkerschar,
doch die Werte sind im Großen rar.
Geknebelt sind sie allesamt.
Zuviel versinkt im Wüstensand.

Bereicherung sind meist die Ziele.
Der Möglichkeiten gibt es viele.
Dem einen fehlt, was andere rauben.
Was man nicht kennt, soll man nicht glauben.

Dem Massenvolk vergeht der Jubel.
Zu viele Hürden in dem Trubel.
Der Kleine zahlt im Großen drauf
und der Große frisst sich selber auf.
Deshalb, was klein ist, ist nicht größer
und einzeln ging es besser.

Prunksucht

Was Prunk bedeutet, sieht man gleich,
wenn man sich bewegt im Kirchenreich.
Du sollst nicht prunken, sagt die Lehre,
nicht einmal zu des Schöpfers Ehre.

Was tat man einst, was tut man noch?
Sie feiern und sie prunken doch.
Der Herrgott sieht von oben.
Nie wird er solche loben,
die Prunksucht lieben allgemein,
die Armut leben nur zum Schein.

Wie einst gebaut um Gotteslohn,
so manche Dome, manchen Thron.
Ihr Handeln war nicht ehrlich,
doch Macht und Prunksucht sehr begehrlich.

Es steht geschrieben irgendwo:
Wer Prunksucht liebt, wird niemals froh.
Ein Gleichnis ist uns gut bekannt.
Der Reiche wird darin genannt.
So sagt die Lehre insgeheim,
doch macht sich niemand einen Reim.

Die Lehre hat der Mensch verdreht,
ganz anders als im Buch es steht.
Du sollst nicht prunken sagt die Lehre,
nicht einmal zu des Schöpfers Ehre.

Himmelsmächte

Wie ist der Mensch so groß und mächtig,
ist falsch, korrupt und niederträchtig.
In der Natur, im größten Feuerschein,
wird der Größte plötzlich winzig klein.

Wenn die Erde bebt, die Massen stürzen,
seine Lebenstage sich verkürzen.
Im Angesicht der Himmelsmächte
so mancher gleich vergehen möchte.

Die Natur kennt weder wenn noch aber.
Drin ist der Mensch nur ein Kadaver.
Doch prahlt er mit der Kraft und Würde,
setzt seinesgleichen schwere Bürde.

Unterdrückt den Schwachen, merzt ihn aus,
bläst ihm sein Lebenslichtlein aus.

Nicht gleich zu gleich, nur Daumen runter.
Nur groß zu groß, gleicht sich mitunter.
Nur der Starke meist behauptet sich.
Wie ist der Mensch so elendlich.

Da braucht es einen Feuersturm,
dann gleicht er einem kleinen Wurm.
Seinen Reichtum er nicht mehr verwaltet,
wenn sich unter ihm die Erde spaltet.

Wenn Gift und Phosphor kommt von oben,
wenn Naturgewalt und Stürme toben,
dann kehrt vielleicht die Einsicht ein,
dass er ein Mensch nur könnte sein.

Das Elend

Friede hier am Campingplatz,
anderswo die Menschenhatz.
Der Horizont im Sonnenstrahl,
anderswo ein Feuerball.

Was ess ich heut, ich such es mir aus.
Wo anders liegt im Schutt das Haus.
Mein Bett ist weich, ich träume schön,
anderswo Fluglärm Gedröhn.

Ich will mich in den Schatten setzen,
anderswo nur noch Entsetzen.
Warum bin ich hier und bin nicht dort?
Bin ich geborn am falschen Ort?

Warum hab ich Glück, der andere nicht?
Warum steht mein Haus, das seine bricht?
Wie wird Glück und Unglück so verteilt?
Der Tod nicht mich, hat ihn ereilt?

Ist jener schuld, der ihn so peinigt?
Wird jenem Recht zur Tat bescheinigt?
Im Dilemma steh ich mitten drin.
Ich seh im Elend keinen Sinn.

Ich bin ein Tramp

Nicht was ihr denkt, das liegt mir fern.
ich bin so frei, ich trampe gern.
Was jetzt so heftig die Kritik
betrifft allein nur Politik.

Ich trampe hier, ein Trump ist dort,
zwei Begriffe, nur ein Wort.
Falls ich einmal auf Reisen gehe,
dann kurz ich auf der Straße stehe,
den Daumen hoch und schon am Ziel.

Doch so manchem ist ein Trump zu viel.
Sie fürchten sich vor seinen Worten,
hier und dort, an allen Orten,
falls Worte in die Tat er setzt.
Die Elite ist total entsetzt.

Es war so schön, man hielt sich warm
und lebte herrlich, Arm in Arm.
Nur der Bürger hat nichts abbekommen.
Die oben haben es genommen.

Jetzt tramp ich wieder, ist das herrlich!
Der Trump dort drüben, auch begehrlich.

Falls seinen Worten Taten gleichen,
so wird er viele Namen streichen.

Die jetzt gelebt, wie im Speck die Maden,
diesen Strolchen könnt er schaden.
Ich trampe für mein Leben gern.
Mal bin ich nah, mal bin ich fern.

Das Tramperleben ist ungewiss,
doch seh ich es nicht als Hindernis.
Ein Hindernis ist wohl der jene,
den ich als den Trump erkenne.

Was er morgen tut, ist ungewiss,
deshalb ist er ein Hindernis.
Jetzt tramp ich zweifach so dahin,
es liegt auch doppelt Sinn darin.

Verständigung

Du kannst nicht in die Seele sehen.
Nicht ein nicht gesagtes Wort verstehen.
Weißt nicht, was jener Mensch sich denkt,
der dich mit bloßer Mimik kränkt.

Was er sich denkt, spricht er nicht aus,
macht zum Büffel noch die Maus.
Du kannst zwar seinen Ingrimm spüren,
doch will er nicht Gespräche führen.

Das Schweigen gellt durch alle Zimmer.
Zum Reden ist das Schweigen schlimmer.
Es sagt nichts aus, doch tut es doch,
verstärkt die Ungewissheit noch.

Tausend Worte, nur Klimbim.
Tiefes Schweigen hat auch Sinn,

doch löst es nicht, was lösbar ist,
weil du noch nicht im Bilde bist.

Wer nicht spricht, will nicht erklären.
Ein stummes Wort kannst du nicht hören,
doch die Mimik spricht dich an,
wie es das Wort nur kann.

Sprich aus, was dich bedrückt und kränkt,
weil sonst für dich kein andrer denkt,
weil Worte sonst verloren gehen.
Mit Wort und Tat zur Mimik stehen,
das hilft Beziehung auf den Sprung.
Die beste Art, Verständigung!

Inhalt

Weitere Bücher des Autors

Es dreht sich alles um das Eine
Eigenverlag

Bike for Peace - Paris- Moskau
Eigenverlag

Weisheiten und kleine Dummheiten
Eigenverlag

Reifezeit
Eigenverlag

Jetzt bin ich alt
Rediroma-Verlag, ISBN 978-3-86870-757-7

Familiengeschichten und anderes Ungemach
Rediroma-Verlag, ISBN 978-3-86870-758-8

Lange Rede-kurzer Sinn
Rediroma-Verlag, ISBN 978-3-86870-750-2

Der schönste Tag
Rediroma-Verlag, ISBN 978-3-86870-766-3

Die Trattenmüllers
Rediroma-Verlag, ISBN 978-3-86870-759-5

Unbestechlich ist die Zeit
Rediroma-Verlag, ISBN 978-3-86870-930-8

Damals
Rediroma-Verlag, ISBN 978-3-86870-835-6

Heiter bis Wolkig
Rediroma-Verlag, ISBN 978-3-96103-096-5

Liederlich und kurios
Rediroma-Verlag, ISBN 978-3-96103-108-5